30대에 개척했습니다

세움북스는 기독교 가치관으로 교회와 성도를 건강하게 세우는 바른 책을 만들어 갑니다.

동네 교회 이야기 시리즈 9

30대에 개척했습니다

요즘 시대, 요즘 목사의 교회 개척 이야기

초판 1쇄 인쇄 2024년 10월 20일
초판 1쇄 발행 2024년 10월 25일

지은이 | 장산하
펴낸이 | 강인구

펴낸곳 | 세움북스
등 록 | 제2014-000144호
주 소 | 서울시 종로구 대학로 19 한국기독교회관 1010호
전 화 | 02-3144-3500
팩 스 | 02-6008-5712
이메일 | holy-77@daum.net

교 정 | 이윤경
디자인 | 참디자인

ISBN 979-11-93996-21-8 (03230)

동네 교회
이야기 시리즈
9

30대에
개척했습니다

장산하 지음

요즘 시대, 요즘 목사의
교회 개척 이야기

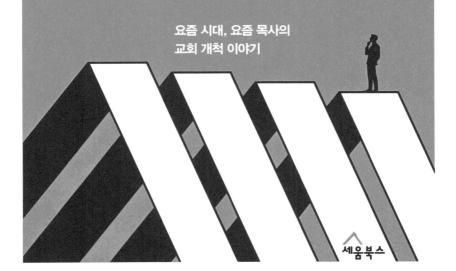

세움북스

프롤로그

저는 8살에 부활절 달걀을 받고 남동생과 함께, 태어나 처음 상가 교회를 갔습니다. 그 이후로 부모님께서 성당에 가셔서 교회를 떠났다가 다시 20살에 교회를 가게 됐습니다. 그리고 예수님을 인격적으로 뜨겁게 만나고 예수님께 삶을 헌신하고 싶은 마음이 들었습니다. 그렇게 모교회에서 27살에 결혼을 하고 고등부 전도사로 첫 사역을 하게 됐습니다.

29살에는 100명 규모의 교회에서 사역하면서 에스라성경신학대학원에서 공부를 했습니다. 그리고 마지막으로 의정부비전교회에서 강도사 인허와 목사 안수를 받고 총 7년이라는 짧은 사역 후에 교회를 개척하게 됐습니다.

사실 저는 사역자가 되면서 한 번도 교회를 개척해야겠다고 생각해 본 적이 없습니다. 전도사 시절 금요기도회 때 뜨겁게 기도하는 중에 교회를 향한 마음이 뜨거웠습니다. 주님께서 주신 마음을 당시 섬기던 담임 목사님께 말씀드렸습니다. 목사님은 "전도사님, 하나님께서 전도사님을 나중에 개척자로 부르신 것 같네요"라고 말씀하셨습니다.

저는 그때 "아, 그렇군요 목사님"이라고 말씀드렸지만 사실 속으로는 '목사님, 지금 같은 시대에 어떻게 개척을 하겠습니까?'라고 생각했습니다. 그런데 하나님께서 저를 마치 장난감 방향을 툭~ 툭~ 쳐서 이동하듯이 개척자로 생각을 바꾸기 시작하셨습니다. 그리고 어느 순간 눈을 떠 보니 교회를 개척하고 가정들을 섬기고 있습니다. 그리고 "아, 너무 행복하다!"라고 고백하고 있습니다.

코로나 이후로 많은 목회자들이 가슴 속에 '개척'이라는 마음의 봉투를 하나씩 품고 사는 것 같습니다. 개척은 외로움과 괴로움이 있지만 분명한 것은 '행복한 목회'인 것 같습니다. 이 책을 통해 개척을 준비하는 데 한 부분이라도 도움이 된다면 그것으로 충분하다고 여겨집니다. 하나님께서 목회자분들의 마음에 불을 주시고 지혜를 주셔서, 아름답고 행복하게 하나님의 교회를 세워가기를 진심으로 축복합니다.

위드처치(With Church) 장산하 목사

추천사

위드처치 장산하 목사님이 교회를 개척하기 전에 저를 찾아와 교
회 개척에 관한 대화를 나눈 적이 있습니다. 당시 교회를 개척했던
많은 목회자를 만나고 다니면서 개척에 대한 노하우를 듣고 준비하
는 모습이 인상적이었습니다. 그 이후에도 목사님과 교회를 늘 눈
여겨보고 응원하던 사람 중의 한 사람입니다. 이 책은 개척이라는
것을 환상으로만 보지 않고, 너무 현실적이어서 부정적으로도 보
지 않는, 현실에 뿌리를 둔 하늘의 영성으로 균형 있게 바라보고 있
습니다. 한국 교회가 쇠퇴하고 있다는 말들을 많이 듣습니다. 이전
의 방식이 통하지 않는다면 새로운 교회가 출현하는 것만이 대안이
될 것입니다. 위드처치는 신선하고 새로운 교회의 한 모델을 제시
해 줍니다. 앞으로가 더욱 기대되는 교회입니다. 위드처치의 발걸
음을 축복하며, 이 책을 통해 더 많은 개척자들이 위로와 힘을 얻게
될 거라고 믿습니다.

▎고상섭 _ 그사랑교회 담임목사, CTC 코리아 이사

교회 개척은 참 어려운 일입니다. 교회 개척이 어려운 이유 중 하나가 있다면, 해 보지 않았기에 어떤 노하우도 없다는 것입니다. 한국에서 기독교의 교세가 성장할 때는 웬만하면 개척한 교회들이 성장을 했기 때문에 마치 성장의 노하우가 있는 것처럼 말을 해도 맞는 것 같았습니다. 하지만 요즘은 개척이 정말 어려운 때라서, 교회 개척에 대한 소명이 분명하거나 어쩔 수 없는 상황으로 몰리지 않는 한 엄두도 내지 못합니다.

그런데 한 젊은 목사가 30대에 개척을 했습니다. 아마도 많은 사람들에게 드는 생각은 '쉽지 않을 텐데'가 아닐까 싶습니다. 그런데 개척한 지 2년 남짓 지났는데 책을 출간했습니다. 2년이면 목회의 현장에서 경험하지 못한 것이 경험한 것보다 더 많을 것이고, 그렇다고 획기적인 성장을 이루어서 많은 사람이 궁금해하고 주목하고 있는 것도 아닐 텐데, 개척에 관한 책을 출간했습니다. '도대체 무슨 용기로 감히 개척에 관한 책을 낼 생각을 했을까?' 저자는 에필로그에 개척하려는 분들을 돕기 위해서였다고 그 목적을 언급했습니다. '물론 처음 개척하는 분들이 실수하지 않을 수 있는 실제적인 팁을 제공하기는 하지만 각자가 처한 상황이 다르고, 이 글을 쓰고 있는 저자의 상황도 아직은 안정적이라고 할 수 없는데 과연 어떤 도움을 받을 수 있을까?'

이 책을 읽으면서 제 마음에 남았던 한 단어는 "치열함"이었습니다. 이 책은 마치 자신에게 말하고 있는 것 같았습니다. 개척할 당시의 초심을 잃지 말고 끝까지 한번 가 보자고 다짐하는 저자의 치열함이 느껴졌다는 말입니다. 현장에서는 이해할 수 없는 일들이 발생하고, 마음을 흔드는 일들과 여러 소식이 목회를 불안하게 만들지만, 예수님과 동행하며 예수님의 사랑을 누군가와 함께하고 싶었던 진실함을 붙들려는 몸부림이 있습니다. "이런 마음으로 개척했습니다." 이 말은 교회를 개척하고 어느 정도 자리매김을 한 후에 쓰는 것보다 개척하고 얼마 되지 않아서 쓰는 것이 더 맞겠다는 생각이 듭니다. 부디 이 책을 읽는 개척한 동역자들과 개척을 생각하는 동역자들, 특히 이 책을 집필하신 장산하 목사님이 이 책을 반복해서 읽으시길 바랍니다. 그리고 힘들어도 그 마음 잃지 마시기를 바랍니다.

▌ 노진준 _ 목사, Preaching Coaching Ministry 공동 대표

많은 목회자들이 어떻게 하면 교회를 잘 세울 수 있을까, 목회를 잘할 수 있을까를 고민합니다. 그 답은 너무나도 분명합니다. 우리의 주님이요 왕이신 예수 그리스도로부터 배우고 그 인도하심을 받는 것입니다. 초대 교회 사도 바울은 누구로부터 목회를 배웠을까요? 주님이었습니다(갈 1:11-12, 16-17). 모세가 성막을 지을 때도 자기 생각에 그럴듯하게 지은 것이 아니라 하나님께서 하늘의 성막을 보여 주셨기에 그 모형대로 지었습니다(히 8:5). 예수 그리스도의 몸인 교회는 더 말할 것이 없습니다. 그러나 실제로 예수님으로부터 목

회를 배울 수 있다고 믿는 목회자는 참으로 드뭅니다. 대부분 큰 교회 목사나 신학교 교수에게서 배웁니다. 그래서 한국 교회가 성경과 너무나 다른 교회가 되어 버린 것입니다. 훌륭한 신학교 교수와 훌륭하게 목회한 목회자들, 그리고 자랑스러운 교회 전통이 있습니다. 그러나 우리가 교회를 세울 때, 무엇보다 철저히 성경과 주 예수님을 바라보는 자세가 있어야 합니다.

제가 신학교를 졸업할 당시, 한국 교회는 교회 성장 운동의 열풍이 불었습니다. 1970-80년대 미국 대형 교회가 한국 교회의 모델이었고, 그 교회를 따라 하기에 급급했습니다. 저도 교회를 크게 성장시킨 목사님들을 모델 삼아 목회를 시작했습니다. 그 교회처럼 제가 섬기는 교회도 빠르게 성장하기를 소원했습니다. 성경 공부나 은사 집회, 제자 훈련, 전도 집회, 소그룹 조직이 교회를 성장시키는 수단이었습니다. 그렇게 교회는 성장했지만, 저의 내적인 상태는 오히려 병들기 시작했습니다. 계속 '더 성장, 더 크게, 더 많이'였습니다. 교만과 열등감을 오가며 혼란스러웠고, 영적으로는 더욱 공허해 갔습니다. 어느 순간 '내가 심각해졌구나!' 하고 깨달았습니다. 그러나 무엇이 잘못되었는지 혼란스러웠습니다. 성경과 예수님을 놓치고 있었던 것입니다. 지금은 목회자로서 참 어려운 때인 것 같습니다. 목회 현실은 당황스럽습니다. 예전의 경험들이 소용없을 지경이 되었습니다. 그러나 이런 때 우리가 붙잡아야 할 것은 오직 예수 그리스도입니다 저는 장산하 목사님이 위드처치(With Church)를 개척하는 과정을 지켜보았습니다. 요즘 시대에 교회를 개척하는 것이 힘든 길이라 생각되어 안타까운 심정일 때도 있었지만, 철저히 주님의 인도를 받는 모습을 지켜보면서 염려가 감사로 바뀌었고, 기대함과 확신이 되었습니다. 이 책을 읽으면서 개척의 과정을 좀 더 깊이 알 수 있었고, 개척 교회를 통해 주님과 동행하는 과정을 보며 큰 도전을 받았습니다. "살 만하니 예수만 바라보라고 한다"라고 하는 사역자가 있었습니다. 아닙니다. 살 만하면 오히려 주님만 바라보지 못합니다. 도무지 살길이 없어져야 주님만 바라보게 됩니다. 주님만 바라보지 않는다면 아직 살 만한 것입니다.

이 책은 교회를 개척하려는 목회자와 교인들에게 너무나 유익할 책입니다. 그러나 주님의 인도하심을 받으려는 목회자나 선교사, 삶의 다양한 현장에서 주님과 동행하려는 모든 그리스도인에게도 큰 영감과 도전, 위로가 될 것입니다. 주님은 우리 안에 분명히 거하신다는 확신, 어떤 상황에서도 주님의 인도하심을 받을 수 있다는 확신, 누구나 주님의 뜻을 분별할 수 있다는 확신, 그리고 시행착오를 극복하는 지혜를 얻게 될 것입니다.

▌유기성 _ 선한목자교회 원로목사, With Jesus Ministry 이사장

(지금은 40대 후반이 되어 가지만) 저도 30대에 개척했습니다. 그런데 이 책을 읽으며 저의 30대 초반의 목회는 참 어리석고 생각이 짧았

구나 싶은 생각이 들었습니다(그건 저자가 그만큼 지혜롭다는 것을 반증하는 거겠지요). 팀 켈러 목사님은 "도시의 그리스도인을 증가시킬 뿐 아니라 기존의 교회들을 갱신시키는 최고의 방법은 교회 개척"이라고 말했습니다. 그래서 저는 더 많은 30대의 젊은 사역자들이 용감하게 도시에 교회를 개척해야 한다고 믿습니다. 그리고 그러한 일에 도전하실 분들이 참고하고 배울 좋은 교재가 나왔음이 너무 기쁩니다. 특별히 개척자의 마음의 어려움을 다루어 주는 'Part 3'은 개척한 지 10여 년이 넘은 저에게도 도움이 많이 되었고, 개척자들에게는 더더욱 큰 도움이 될 것입니다!

┃ 이정규 _ 시광교회 담임목사, 『새가족반』 저자

목차

아내의 이야기

"개척교회 사모가 되었습니다."

남편이 개척을 한다고 했습니다. 본인의 일이니 알아서 잘하겠거니, 저의 성향대로 늘 남편을 믿어왔던 대로 알아서 잘하라고 했습니다. 둘째가 태어난 지 두 달 만에 기숙사 학교에 간다던 남편도 보내줬고, 용인에서 의정부로 사역지를 옮긴다고 한 것도 흔쾌하게 허락했던 저에게는, 개척을 한다는 남편의 말은 그런 연장선이었습니다. 별다른 감흥과 갈등 없이, 해 오던 대로 '개척'을 한다는 남편에게 제가 한 말은 "그래, 해 봐~" 였습니다.

'개척'을 한다는 것이 제게는 남들이 말하는 생고생하는 그런 힘들고 어려운 길이 아니었습니다. 어려운 길이라기보다 그저 아직 겪어 보지 않은 일이니 겪어 봐야 알겠다고, 아직 잘 모르니 그냥 가 보는 거지 하며 별 생각이 없었던 것 같습니다. 원래 제 개인적인 삶에서도 사서 걱정하지 않고, 미리 염려하지 않습니다. 연애와 결혼이 그랬고 두 번의 출산이 그랬습니다. 닥치면 그때그때 주시는 힘으로 해결해 나가면 되지 하는 마음이 컸습니다. 개척 또한 그랬던 것 같습니다. 남편에게는 개척이라는 것이 여태껏 살아온 인생에서 최대의 선택이었고 최고의 부르심이었던 것 같은데 가장 가까이 옆에 있던 저는 평소와 같게 별다른 감흥 없이 생각 없이, 그러려니 하고 닥치면 어떻게 되겠지 하는 마음이었습니다.

 연애할 때, 남편과 함께 했던 가장 좋았던 일은 둘이 함께 예배하고 기도했던 것입니다. 결혼과 출산 후 그 시간을 확보하는 것이 쉽지는 않았는데, 남편이 개척에 대한 마음을 본격적으로 저와 나누고 나서 우리에게 주시는 주님의 마음을 깊이 알고자 다시 부부의 예배 시간과 기도 시간을 사수하기 시작했습니다. 남편이 유일하게 쉬는 월요일에는 개척한 목사님들을 찾아뵙고 여러 이야기를 듣는 시간도 가졌습니다. 대학원에서 강의하는 교회론에 대해서도 같이 유튜브로 듣고, 목사님들을 만나러 오가는 차 안에서 이야기도 하고, 개척을 하기 위해 준비하는 여러 시간들을 남편과 함께 했습니다.

남편이 제게 물어보곤 합니다. 처음에 개척을 얘기할 때는 개척자의 마음이 아니었던 것 같은데, 어떻게 이렇게 함께 개척하는 동역자의 마음으로 바뀌었냐고. 돌아보면 함께 쌓아왔던 그 예배 안에 부어 주셨던 마음인 것 같습니다. 생수의 강이 교회로부터 흘러넘쳐 개인과 가정과 지역을 덮고 나라와 세계로 뻗어나가는 그림은 상상만 해도 행복하고 벅차올랐습니다.

하지만 늘 현실은 상상을 뛰어넘습니다. 개척을 한다고 했을 때 제일 처음 제가 준비해야겠다고 생각한 부분은 가정의 재정이었습니다. 개척을 준비한 시간은 의정부에서의 2년이라고 생각합니다. 결혼 후 용인에서 둘째를 출산하기 전까지는 일을 하고 있었습니다. 가정에서의 저의 역할이 필요하다는 생각과 그 시기의 결정으로 퇴사하고 의정부로 이사했었는데, 의정부로 이사온 지 1년 반만에 다시 재입사를 결정하게 되었습니다. 저를 받아 준 회사에도 고맙고, 많지는 않지만 가정에 조금이나마 재정적인 보탬이 될 수 있다는 감사한 마음이 있습니다.

재정 말고도 남편과 준비했던 것은 관계였습니다. 우리가 생각하는 개척의 모습은 예배에 기름 부으심이 있고 온라인 사역으로 시작할 수 있는 형태였습니다. 교회 개척의 비전보드를 코팅해서 기도하며 생각난 두 가정을 찾아가서 개척교회의 비전을 브리핑했던 시간이 생각납니다. 개척을 22년 1월로 정해놓고 21년 1년간 매달 마지막 주 화요일에 함께 콜링한 두 가정과 함께 개척을 하기로 약속된 장소에서 만나 작은 기도회를 했습니다. 그 인연이 지금도 이어지고 있습니다. 원래 우리가 생각했던 형태의 교회로 시작되진 않았지만, 지금의 모습을 보면 주님이 원하시는 교회의 모습으로 빚어가신다는 확신이 있습니다.

22년도 1월에 개척할 당시에는 코로나 상황으로 여러 제약이 많던 시기였습니다. 개척을 하긴 했지만, 제가 할 수 있는 건 유튜브로 송출되는 예배를 함께 드리는 것뿐이었습니다. 3개월이 지난 4월이 돼서야 코로나의 제약이 좀 풀어지고, 예배를 드리는 카페로 가서 함께 예배를 드렸습니다. 하지만 아이들을 돌보는 것에 국한된

저만의 사역의 형태에서 벗어나지 못한 상황이었습니다. 그때 반주를 도와주던 자매가 개인적인 사정으로 내려놓게 되었고, 그 역할이 저에게 넘어왔습니다. 첫째를 낳기 전에는 교회에서 반주를 하곤 했는데 첫째 출산 후 6년간 하지 않았던 반주를 다시 하게 된다니, 주일예배에서 피아노 반주로 서는 것은 많은 부담이 되었습니다. 그래도 감사한 것은 현장으로 예배를 나오게 되면서 시간도 마음도 미리 준비하게 되었다는 것입니다. 예배를 대하는 저의 태도가 달라졌습니다. 코로나를 핑계로 풀어졌었던 예배를 향한 마음과 태도가 다시 올곧은 방향으로 바뀌었습니다. 온라인 송출로만 예배를 드리던 때는 주일 아침에 잠에서 깨어 예배 시간 전에만 TV 앞에 앉으면 예배 준비가 끝났는데, 현장 예배를 드리게 되면서는 미리 옷도 준비하고 아이들도 미리미리 준비시키고 화장까지 하는 바지런한 사모가 되었습니다.

거기에다가 반주를 하게 되니 예배 자체를 위해 더 준비하는 가난한 마음이 생겼던 것 같습니다. 우리가 개척한 이유가 예배를 심고 쌓기 위해서인데 비로소 예배를 위해서, 예배의 기름 부으심을 위해서 더욱더 깊은 기도를 하게 되었습니다. 자리가 사람을 만든다고 개척을 한다고 한 그 순간부터 겉으로는 개척교회의 사모였지만, 실제적으로 개척교회를 섬기는 사람으로서의 제 마음은 이때부터 준비가 된 게 아닐까 생각이 듭니다.

토요일이면 카페가 마감된 후 음향장비를 가지고 세팅하면서 남편과 고단하기도 하고 외롭기도 한 시간을 보내기도 했습니다. 언젠가 남편이 영적으로 고립된 느낌을 받는다며 힘들어한 시기가 있었는데 그 시기에 제가 기도로 마음으로 남편을 지지하지 않고 있지는 않았는지 돌아봅니다. 개척교회 사모라고는 했지만 일하고 육아하는 저의 일상은 크게 바뀌지 않았기 때문입니다. 하지만 남편이 본인의 어려움을 저에게 나눠 주면서 제가 비로소 다시 각성하는 계기가 되었습니다. '남편을 혼자 외롭게 두지 말아야겠다, 기도를 더욱 단단하게 쌓아가야겠다'라고 결심하게 되었습니다. 그 결심이 무너질 때도 많지만 남편과 제가 서로가 서로를 일으키면서 우리가 먼저 영적인 용사이자 파수꾼이 되어 위드처치의 가장 최전방에서 싸우는 전사가 되자고 독려합니다. 이런 남편과 교회를 위한 기도가 저의 사명임을 다시 한번 인식하게 되었습니다.

개척을 시작하던 시기부터 둘이 매일 기도하는 시간을 함께하진 않았습니다. 개척 후 평일엔 직장인, 주말엔 사모로 나뉘던 삶을 살다가 1년 여가 지나서야 남편과 매일 기도하는 시간을 작정하고 지키고 있습니다. 서로 맞춘 것도 아닌데 늘 기도의 말미에는 성도 님들을 향한 깊고 뜨거운 기도가 나옵니다. 주님이 저희에게 주시는 마음이라고 생각합니다. 한 명 한 명 주님과 함께 복음을 누리며 살아가길 기도하는 그 시간이 저희에게는 정말 큰 기쁨입니다.

교회의 많은 부분을 남편이 감당합니다. 예배 준비, 어린이예배, 재정, 관계, 일정 조율, 장소 조율, 성도심방 조율 등등. 교회를 임대하고 있는 게 아니어서, 주일 식탁 교제 음식도 다 사 먹습니다. 예배 시간에 반주한다는 핑계로 저희 아이들은 다른 성도님들이 봐 주십니다. 성도님들이 오시면 인사도 잘 못합니다. 피아노에 코를 박고 있어서요. 도와주는 일이라고는 세팅할 때 힘을 보태는 것, 주일 식사 예약하는 것, 예배 후에 세팅 풀어서 다시 원위치하는 것, 식탁 교제 후 나눔 때 진행하는 것. 이것이 눈에 보이는 제가 하는 일의 전부입니다.

주일에 커피 세 잔은 기본인 정신없는 하루를 보내지만, 마음만은 행복합니다. 새벽에 세팅하러 가는 제 뒷모습을 보는 친정엄마는 저의 행복보다는 저의 수고가 눈에 밟히시는지 한숨을 쉬시기도 하지만, 그 누구도 빼앗을 수 없는 기쁨이 개척 후에 제 안에 깊게 자리잡고 있다고 꼭 이 지면을 빌어 말씀드리고 싶습니다.

앞으로의 위드처치의 모습이 정말 기대가 됩니다. 또 그 안에서 주님이 저에게 말씀하시는 역할을 충분히 수행할 수 있는 사람이길, 그에 합당한 충분한 영육의 힘을 주님이 부르시는 그날까지 견지하길 스스로에게 다짐하고 또 요청합니다. 그리고 그 모든 것을 주님께 의탁합니다. 지금의 위드처치는 너무 작고 소중한 교회의 모습입니다. 그러나 앞으로 더 단단하고 견고한 교회가 될 것임을 확신하고 기대합니다. 그래서 주님이 개척 전에 주셨던 그 그림에서 생수의 강이 흘러넘쳐 주변을 온통 적셨던 것처럼, 위드처치가 비옥한 동백의 땅을 주도하는 교회가 되길 간절히 소망합니다.

예수동행전문가를 꿈꾸는
위드처치 이은미 사모

PART 1

개척 준비의 비법 노트

READY

01.
30대, 개척교회를 시작하다

사실 저는 사역자가 되면서 한번도 교회 개척을 해야겠다고 생각해 본 적이 없습니다. 저는 자립할 힘도, 교회를 세울 능력도 없다고 생각했기 때문입니다. 가끔 개척교회 목사님들을 만나면 표정이 어둡고 우중충해 보이는 분들이 계셨습니다. 눈으로 보기에 성장하지 않는 교회의 모습과 재정적인 어려움 때문이지 않을까 싶었습니다. 그러다 30대에 개척하신 한 젊은 목사님을 만났는데 큰충격을 받았습니다.

교인 수가 10명 정도 되는 교회의 그 목사님은 제게 "10명도 너무 많아요. 한 명 한 명을 제자화 하기가 참 쉽지 않은 것 같아요"라고 이야기해 주었습니다. 그 목사님 얼굴은 너무 행복해 보였습니다. 그때 제가 생각했던 목회의 틀이 깨지기 시작했습니다. 저는 목회를 하면 '큰 목회를 해야 해. 목회를 하더라도 성공해야 해'라는 사고에 갇혀 살았던 것입니다. 사람을 많이 모아 성공해야 한다는 생각을 버릴 때, 그 젊은 목사님처럼 행복하게 목회를 할 수 있을 거란 생각이 들었습니다. 그때가 제가 처음으로 '개척'을 생각하게 된 계기가 되었습니다.

존 비비어(John Bevere) 목사님의 『순종』(Under His Authority)이라는 책이 있습니다. 그 책에서 목사님은 하나님의 음성을 듣는 방법이 '싱글'일 때는 마치 동그란 종이 위에 가위질을 '사그작' 하는 것이라고 비유적으로 표현했습니다. 그런데 결혼을 하게 되면 부부는 한 몸이기에 동그란 원 안에 반쪽은 남편이, 반쪽은 아내가 '함께' 하나님의 음성을 듣는다고 얘기하고 있습니다. 즉, 남편 쪽 반원과 아내 쪽 반원이 모두 하나님의 음성을 듣는 가위질 소리가 나야 한다는 것이죠. 왜냐하면 싱글일 때는 한 사람만 하나님의 음성을 듣지만, 부부가 되면 서로 하나가 되어 함께 듣게 되기 때문입니다. 저희 부부에게도 하나님께서 개척의 시작을 알리시는 가위질 소리가 '사그작' 하고 들리는 시작점이 있었습니다.

아내와 동네 뒷산을 오르며 대화를 했습니다. 아내와는 이미 개척에 대한 많은 이야기를 하고 있었던 상황이었습니다. 제가 아내에게 이렇게 이야기했습니다.

"여보, 두 가정 정도 확실하게 우리와 함께하기로 하면 그때 우리도 개척하기로 결정할까요?"

그런데 아내는 도리어 제게 이렇게 이야기해 주었습니다.

"다른 가정을 기다리는 게 아니라 우리가 먼저 믿음의 발걸음을 앞으로 내딛으면 하나님께서 우리와 함께할 가정을 붙여주시지 않을까요?"

이것이 하나님의 가위질 소리와도 같은 시작이었습니다. 그렇게 저희 부부는 산을 오르며 개척을 하기로 결정했습니다.

저는 부교역자 사역을 하면서 좋은 리더를 찾았습니다. 좋은 목사님을 만나야 저도 목회자로서 좋은 것들을 배울 수 있다고 생각했기 때문입니다. 그러면서 저희 부부는 의정부비전교회를 찾았고 박근수 목사님을 만나게 되었습니다. 제가 의정부비전교회에 부임할 당시, 약 500여 명의 성도님들이 주일예배에 출석하였는데, 그 중 100여 명 정도가 분립한다는 소식을 들었습니다. 제게는 적지 않은 충격이었습니다. 500명 중 100명의 성도님들로 교회를 분립한다는 것은 교회의 오른팔을 떼 주는 것과 같다고 생각했기에 '이 교회는 정말 건강한 교회다!'라는 생각이 들었습니다. 교회의 주인이 담임 목사가 아니라 정말 예수님이라고 느껴졌습니다. 실제로 부임해서 사역하면서 제 예상이 맞음을 확인했습니다. 담임 목사님은 인격적이셨고, 교회는 건강했습니다. 저도 그 교회에서 10년의 사역을 생각하고 잘 훈련받아 분립하고 싶은 마음으로 사역하게 됐습니다.

어느 날 우리 부부는 분립한 교회를 방문하여 분립한 목사님과 이런저런 많은 이야기를 나누었습니다. 교회가 분립할 때의 큰 장점은 성도님들이 함께 교회를 세워갈 수 있다는 것과 재정과 사람이 준비되어 있다는 것입니다. 물론 분립개척의 아쉬운 부분도 있었습니다. 이전에 해 왔던 방식의 사역이나 프로그램을 바꾸려고 하면 기존 성도님들은 "목사님, 왜 이 프로그램을 바꾸나요?"라고 끊임없는 불만을 표출할 수도 있다는 겁니다. 왜냐하면 이전 교회에서 계속해 왔던 사역을 분립 교회에서는 하지 않는 것이 성도님들에게는 이상하게 생각될 수 있기 때문입니다. 저는 오히려 한국의 분립의 사례들을 보면서 '개척'을 생각했습니다. 하나님께서 저와 아내에게 주신 분명한 사명과 목회의 색깔이 있습니다. 그것을 펼쳐나가기 위해서는 결국 분립개척이 아닌 생 개척, 즉 맨땅에 개척을 해야 한다는 결론이 나왔습니다.

개척을 결심하며 처음 시작한 것은 아내와 함께 마음을 나누고 기도하는 일이었습니다. 개척에서 가장 중요한 것은 부부가 함께 하나님의 인도하심을 받는 것이라고 생각합니다. 아내는 저의 개척에 대한 마음과 개척을 준비할 필요성에 대해 긍정적으로 대답해 주었고 함께 기도하기 시작했습니다. 저희 부부의 마음에 평안함을 주시는 것과 상황과 환경을 위해, 그리고 우리에게 약속의 말씀을 주시기를 기도했습니다. 나중에 아내에게 언제부터 개척에 대한 마음을 함께 품기 시작했느냐고 물었더니, 개척을 위해 저희 부부가 함께 예배하고 기도할 때 주님이 주시는 마음의 감동으로 개척자의 마음을 품게 되었다고 나눠 줬습니다.

그리고 저희에게 개척을 시작하는 것에 있어서 무엇보다 가장 중요한 사인은 당시 제가 부교역자로 섬기고 있던 교회의 담임 목사님께 이것을 나누고 목사님께서 함께 지지해 주시는 일이었습니다.

신대원 수업 중 한 교수님께서 "이것이 하나님의 뜻인지 아닌지 어떻게 알 수 있을까요?"라며 가르쳐주신 내용이 있습니다. 첫째는 말씀을 통해, 둘째는 상황과 환경을 통해, 셋째는 사람을 통해, 넷째는 마음의 평안함을 통해서 하나님께서는 우리에게 말씀하신다는 것입니다.

우리에게 자유의지가 있는데 하나님께 묻고 기도할 필요가 있을까요? 이것은 마음의 태도의 영역이라는 생각이 듭니다. 우리가 설교로만, 말로만 예수님을 왕이라고 고백하는지, 아니면 가장 중요한 순간에도 진정 예수님을 왕으로 모시고 있는지 판가름하는 것이라 여겨집니다.

제가 전도사였을 때 있었던 일입니다. 제가 청년 때 사역하셨던 목사님이 한 교회에 담임 목사로 부임하게 되었는데, 함께 사역하자고 하셨습니다. 저는 기도해 보겠다고 말씀드리고 정말 기도하며 하나님의 인도하심을 구했습니다. 신대원 때 배웠던 것처럼 하나님께 여러 환경이 열리기를 구했고, 그 마지막 사인이 전도사 때 섬겼던 교회의 담임 목사님이었습니다.

상황을 말씀드리자 목사님께서는 "전도사님, 일주일 동안 함께 기도해봅시다"라고 하셨고, 일주일 뒤 목사님은 제게 1년 더 사역을 했으면 좋겠다고 말씀하셨습니다. 저는 사실 조금 당황했습니다. 이미 이사할 집을 어느 정도 알아보고 있었기 때문입니다. 하지만 순종하는 마음으로 1년을 더 사역했습니다. 저를 불러주던 목사님께도 못 간다고 말씀드리니 갑자기 권위적으로 바뀌면서 무조건 오라는 태도를 보이셨습니다.

결국 1년을 더 머무르며 사역을 하고 있던 어느 날 전화가 왔습니다. 담임으로 부임하셨던 목사님이 교회의 어려움으로 사역을 내려놓게 되었다는 말을 들었습니다. 그 순간 온몸에 소름이 돋았습니다. 만약 주님께 묻지 않고, 주님의 인도하심을 전혀 받지 않고 제멋대로 사역지를 이동했다면, 저와 아내 그리고 자녀들은 아마 사역적으로 거리에 나앉았을 것이기 때문입니다. 물론 섬기는 담임 목사님의 말을 무조건적으로 따르라는 것은 아닙니다. 핵심은 "하나님의 인도하심을 철저하게 받고 있는가?"입니다.

이 일을 계기로 다른 일도 마찬가지겠지만 개척할 때는 더욱 철저하게 하나님의 인도하심을 받아야 한다고 확신했습니다. 왜냐하면 하나님의 인도함 없이 나의 뜻대로 결정한다면 결국 사역과 가정이 한 치 앞도 모르는 미래에 주저앉게 될 것이 뻔히 보였기 때문입니다.

- 개척은 하나님의 부르심에 반응하는 것이다.

- 개척에 대한 하나님의 인도하심을 받고 있습니까?

- 개척에 대한 아내의 동의를 얻었습니까?

02.
30명의 선배 개척자 만나기

제가 만난 많은 개척자들의 대부분이 부교역자 시절에 개척을 한다고 하면 담임 목회자들은 말렸다고 합니다. 심지어 자기 지역에는 절대로 개척을 못 하게 하는 경우도 있었습니다. 그런 면에서 저는 마지막으로 부교역자로 일할 때 참 좋은 담임 목사님을 만났다는 생각이 들었습니다. 왜냐하면 젊은 30대 목사가 개척에 대한 고민을 이야기했을 때 진지하게 경청해 주시고 적극적으로 개척을 지지하며 기도해 주셨기 때문입니다.

그렇게 제가 1년 동안 개척을 준비하며 중요하게 생각한 것은 바로 선배 개척자들을 만나는 것이었습니다. 마지막 부교역자 사역을 하면서 아내와 함께 월요일마다 개척하신 목사님들을 만났습니다. 완전히 바닥에서부터 시작하는, 아무것도 없는 상태에서의 개척이기 때문에 만나는 목사님들도 우리와 동일한 상황 가운데에서 개척한 목사님들이었습니다. 제가 알고 지냈던 목사님도 만났고, 잘 모르지만 인터넷으로, SNS로, 유튜브로 알게 된 개척하신 목사님들에게도 연락을 드렸는데 대부분 흔쾌히 만나 주셨습니다.

Way Church(웨이처치)의 송준기 목사님을 만나기 위해 아내와 함께 찾아뵈었습니다. 제가 개척할 교회의 신학적 비전을 적은 A4용지를 코팅해서 드리고 개척할 교회의 비전을 말씀드렸습니다. 목사님께서는 개척하기 위해 찾아오는 목사님들은 많았지만 이렇게 프레젠테이션을 하는 목사님은 처음이라고 말씀하셨습니다. 그러면서 이렇게 말씀해 주셨습니다.

"목사님 이미 개척이 시작되셨군요..."

제 마음은 굉장히 뜨거워졌습니다. 그리고 송준기 목사님께서는 있는 자리에서 재정 50만 원을 저희 가정에 주시면서 "이건 개척교회 시작하는 재정으로 사용해 주세요"라고 말씀하셨습니다. 그 것이 저희 개척교회의 시드머니(seed money)가 되었습니다.

동네작은교회 김종일 목사님의 교회 개척 강의를 유튜브로 아내와 함께 들었습니다. 그리고 함께 찾아뵙고 개척에 대해 말씀을 드렸습니다. 만남을 통해 꼭 큰 교회만 있는 것이 아니라, 작은 교회도 충분히 행복하게 하나님의 나라를 이룰 수 있다는 것을 배울 수 있었습니다. 실제로 개척을 하고 3년 차가 지나니 저희 교회의 부르심은 '가정'이라는 것을 알았습니다. 깨진 가정, 부부 사이에 고통스러워하는 가정들을 저희가 돕고 섬길 때 가정이 회복되고, 부부 사이가 회복되고, 자녀들이 안정감을 갖고, 주님을 떠난 가정이 하나님께 돌아오는 것을 경험하게 됐습니다.

시광교회를 섬기시는 이정규 목사님도 찾아뵀습니다. 개척하고 시간 사용에 대한 고민이 많았습니다. 그런데 이정규 목사님께서는 오히려 지금이 가장 많이 성경을 연구하고 공부할 수 있는 시간이라고 말씀해 주셨습니다. 왜냐하면 나중에는 바빠서 성경을 연구할 시간도 없기 때문입니다. 생각의 전환이었습니다. 저는 '어떻게 더 많은 일을 할 수 있을까?'라고 고민했지만, 오히려 더 공부하고 성경을 연구할 수 있는 시간이 바로 개척하고 난 후라는 것입니다.

그사랑교회 고상섭 목사님도 만나뵈었습니다. 목사님께서는 개척 때로 돌아간다면 더 많은 시간을 기도하겠다고, 개척하고 나서 오히려 영적으로 무뎌질 수 있다고 말씀해 주셨습니다. 특별히 팀 켈러(Tim Keller) 목사님의 시편 책들을 읽으면서 그 자리에서 말씀을 붙들고 기도하는 방법들을 알려 주셨습니다.

그 외에도 30명의 개척자를 만나면서 정말 큰 인사이트(insight)를 갖게 되었습니다. 신앙적인 것부터 시작해서 개척을 준비하는 모든 과정과 개척 이후의 일까지 실제적인 도움을 받았습니다.

그런데 목회자마다 각자의 목회 철학이 모두 달랐습니다. 카페를 운영하면서 개척교회를 하시는 분도 있고, 학원을 운영하면서 개척하시는 분도 있고, 건물을 임대해서 지금까지 해 왔던 기성교회의 형태로 하는 분들도 있었습니다.

30명의 개척자를 모두 만났을 때 제 안에 정리된 것은 바로 제가 제일 잘할 수 있는 것을 해야겠다는 것이었습니다. 남들이 하는 개척교회의 모습을 무조건 모방하는 것이 아니라, 제가 제일 잘할 수 있는 방식을 발견하고 그것에 맞게 도전하는 것입니다.

30명의 개척교회 목사님을 만나면서 저희 부부가 깨달은 것을 정리하자면, 첫 번째는 일을 하면서 목회하기보다 목회에 온전히 집중할 수 있는 구조를 만들어야겠다고 생각했습니다. 이중직을 통해 목회를 감당하시는 목사님들을 보면 참 귀하고 대단하다는 생각이 진심으로 듭니다. 그런데 저희 부부는 저희의 성향과 강점, 목회의 비전을 놓고 보았을 때 일과 목회 둘 다 집중하는 것이 어려울 것이라 판단했습니다.

개척자들과의 만남을 통해 깨달은 두 번째는 저희가 개척할 교회의 부르심은 '예배'라는 것입니다. 모든 개척교회가 예배를 드립니다. 그러나 저희 부부는 하나님의 임재로 가득한 예배에 초점을 두는 사역이 저희의 부르심이라 생각했습니다.

이러한 목회의 방향과 비전도 그저 혼자 개척을 준비한다고 했다면 보이지도 들리지도 않았을 것입니다. 먼저 개척하신 선배 목사님들을 뵙고, 듣고, 아내와도 나누면서 목회의 방향성이 점점 잡히기 시작했습니다. 개척한다고 하며 준비하는 시간에 먼저 그 길을 걷고 있는 선배분들을 만나는 것은 정말 값진 공부입니다.

- 개척은 모방이 아니라 내가 제일 잘할 수 있는 사역을 준비하는 것이다.

Check

- 주위에 개척하신 목사님들이 있습니까?

- 그중에 개척 스토리를 듣고 싶고, 배우고 싶은 목회자가 있습니까?

03.
지금도 고민하고 있는 중: 일

개척을 하는 목사님들의 가장 첫 번째 고민은 바로 '재정'입니다. 왜냐하면 개척하는 목사님들은 교회를 세워야 하는 사명이 있는 동시에, 가정을 부양해야 하는 책임이 공존하기 때문입니다.

책도 쓰고 TV에도 나와서 유명해지신 스님이 있습니다. 그 스님에게 두 자녀가 있다는 사실이 세상에 알려지기 시작했습니다. 그러나 두 자녀가 있는 것은 문제가 되지 않았습니다. 진짜 문제가 된 것은 자신이 스님이라는 사명을 감당하려고 배우자와 자녀를 더는 부양하지 않았다는 겁니다. 사명을 감당한다고 말하면서 정작 가정을 책임지지 않는다면 그것은 말 그대로 모순일 수 있습니다.

교회를 세운다면서 가정을 버려둘 수 없고, 가정을 부양한다고 교회를 세우는 사명을 저버릴 수 없습니다. 우리에게는 교회와 가정에 대한 사명이 모두 있기 때문입니다.

개척하는 많은 목사님이 일을 하십니다. 카페를 운영하는 분들도 계시고, 공사장에서 일하는 분들도 계시고, 사무직으로 일하는 분들도 계십니다. 사도 바울도 텐트 메이커(tent maker)였습니다. 때문에 교회와 가정을 섬기기 위해서 어떤 방법이든 부양하기 위한 책임을 지는 모습이 꼭 필요하다고 생각합니다. 동시에 목회자들이 세상에 들어가 일을 하면서 성도들의 어려움을 온몸으로 경험하기 때문에 성도를 더 깊이 이해할 수 있는 큰 장점이 있다고 생각합니다.

저도 어떤 일을 해야 할지 몰라 개척 전에 일단 바리스타 자격증을 따 놓았습니다. 카페를 차려야 하나, 아니면 아르바이트를 해야 하나 고민을 했습니다. 그런데 아내와 개척을 준비하면서 아내는 제가 온전히 목회에 더 집중할 수 있는 환경이 되기를 원했습니다. 제 체력의 한계를 누구보다 아내가 잘 알았기 때문입니다. 세상 속에서 일을 하면서의 장점도 물론 있지만, 단점은 정말 가장 중요한 사역인 말씀 사역에 전력을 쏟기가 힘든 환경이 된다는 것입니다.

에스라성경신학대학원에서 성경을 연구하면서 깨달은 것이 있었습니다. 말라기에서 하나님의 백성들이 하나님의 재정인 십일조를 내지 않기 시작했을 때 제사장들은 먹고사는 것이 힘들어졌습니다. 그러자 제사장들이 먹고살기 위해 일하기 시작했고, 제사장에게 맡겨진 말씀과 기도 사역이 약해지기 시작했습니다. 제사장은 말씀에 무지해졌고, 백성들은 하나님의 말씀을 바르게 배우지 못해 더 죄악된 길로 갔습니다. 악순환이 반복되었습니다. 물론 구약의 제사장과 지금의 목사가 같지는 않습니다. 그러나 풀타임 사역자라는 것과 말씀을 맡은 사역자라는 점은 연속성을 가지고 있습니다. 그래서 할 수만 있다면 교회의 사례를 받고 말씀 사역에 집중할 수 있는 구조를 만들고 싶었습니다.

하지만 머리로 아는 것과 현실은 달랐습니다. 저는 재정에 대한 심각한 고민이 있었습니다. 이것저것 닥치는 대로 해보려고 노력했습니다. 헬스장 아르바이트와 편의점 아르바이트, 심지어 생체실

험에도 도전했습니다. 그러나 아르바이트의 자리는 아저씨라는 이유로 모두 막히고 생체실험 이야기에 아내도 울먹이며 저를 말렸습니다. 마치 주님이 저를 막으신다는 느낌마저 들었습니다. 그리고 주님은 제 상황과 환경을 아셨는지 목회에 집중하는 구조를 더욱 원하시는 것 같았습니다. 저는 모든 개척 목회자의 상황과 환경 그리고 할 수 있는 것이 다르다고 생각합니다. 저희 부부는 결국 개척교회의 후원자를 세우기로 결심했습니다. 그리고 교회의 사례금을 받는 구조를 만들기를 원했습니다. 그러나 개척하게 될 교회에는 성도가 단 한 분도 없었고, 당연히 재정도 없었습니다. 그래서 1년 후원자를 모집했습니다.

저희가 1년 후원자를 어떻게 모집했을까요? 제가 부교역자로 사역했던 교회의 담임 목사님들을 만나 개척의 비전을 공유했습니다. 마지막으로 사역했던 교회의 성도님들이 약 500여 명이었습니다. 저희 위드처치의 재정 후원자가 약 50여 명인데 그중 50%가 마지막 사역지의 성도님들이십니다. 담임 목사님께서 기도편지를 성도님들께 보내도 된다고 허락해 주셨고, 또 마지막 사임 날에는 광고까지 해 주셨습니다. 개척교회를 많이 후원해달라고 말입니다. 그

외에도 요청하는 지인들에게, 또 SNS를 통해 후원하고 싶은 성도님들이 저희에게 요청하시면 기도편지와 함께 후원에 대한 제안을 드렸습니다. 그리고 분기별로 꾸준히 개척교회의 이야기와 사역 그리고 기도제목들을 기도편지 형식으로 보냈습니다. 물론 후원은 강요하지 않았습니다. 마음에 감동이 있는 성도님들에게 한 달에 1만 원 후원을 요청하였고, 1만 원은 부담이 적은 재정이었는지 약 50여 명의 성도님이 후원을 해 주셨습니다.

1만 원부터 시작해서 3만 원, 5만 원, 10만 원 많게는 30만 원, 50만 원을 매달 후원해 주셨습니다. 그렇게 저는 마지막 사역지를 통해서 매달 사례금 270만 원을 개척교회에서도 받을 수 있는 구조가 되도록 만들었습니다. 시간이 흘러 후원이 줄기도 했지만, 저희 교회에 의탁한 가정의 십일조와 헌금생활을 통해 교회 재정이 채워지면서 재정의 균형을 조금씩 갖춰가기 시작했습니다.

그래서 저는 개척을 하면서 매달 교회 사례비를 받고 말씀과 양육, 심방과 사역에 집중하는 구조를 만들었습니다. 그리고 아내는 회사에서 일을 하고, 두 아이의 육아는 저와 함께 하는 시스템으로 재정을 채우며 사역에 집중할 수 있었습니다.

저의 경우가 정답이라고 말하고 싶지 않습니다. 그리고 저는 여전히 텐트 메이커로 일하는 목회자분들을 진심으로 존경합니다. 왜냐하면 제게는 불가능하다고 생각되는 영역이기 때문입니다. 또한 모든 일이 거룩하며 하나님의 일이라 확신합니다. 지금도 일을 통해 선교가 실현되고, 하나님께서 각자를 부르신 모양대로 목회의 일을 할 수 있다고 생각합니다. 그리고 하나님께서 우리 모두에게 각기 다른 형태로 서로에게 맞는 재정적인 구조를 준비할 수 있도록 하게 하신다고 생각합니다.

- 개척자에게는 교회를 세워야 하는 사명과 가정을 부양해야 하는 책임이 공존한다.

- 개척 후 매월 생활비는 어떻게 준비할 계획인가요?

04.
개척은 믿음인가, 무모함인가?

개척하는 분들을 바라볼 때, 왜 저런 무모한 짓을 하는지 의문으로 여겼던 적이 있습니다. 지금 돌이켜 생각해 보면 어리석었다는 생각이 듭니다. 개척을 전혀 생각하지 않았다가 개척자의 삶을 살아가는 지금 저는 참 행복합니다. 어떻게 행복할 수 있었는가 질문한다면 분명한 인도하심 때문이라고 대답하고 싶습니다.

청년 시절 인도네시아 선교를 갔는데 토요일 밤에 기도하는 중에 마치 환상처럼 교회의 파란색 지붕과 십자가 3개 그리고 뒤에는 푸른 나무들이 보였습니다. 저는 환상을 신뢰하기보다 말씀을 신뢰하기에 "하나님, 그렇다면 제게 말씀을 주세요!"라고 기도했습니다. 다음 날 주일에 인도네시아 현지인들과 선교팀들이 예배를 드리는데, 선교사님이 서툰 인도네시아어로 말씀을 전하시는데 바로 마태복음 16장 18절 말씀이었습니다.

> 또 내가 네게 이르노니 너는 베드로라 내가 이 반석 위에 내 교회를 세우리니 음부의 권세가 이기지 못하리라(마태복음 16:18)

그 당시 온몸에 전율이 흐를 정도로 하나님께 감사기도를 드리면서 속으로 '아, 하나님께서 언젠가 나를 통해 교회를 세우시겠구나' 생각했습니다. 그리고 그 일을 잊어가던 어느 날 전도사가 되어 금요기도회를 드리는데 인도네시아에서 받았던 꿈과 약속의 말씀이 생각났습니다. 당시 섬기던 담임 목사님께 말씀드리니 "전도사님, 하나님께서 전도사님을 개척자로 부르셨네요"라고 말씀하셨지만 저는 속으로 지금 시대의 개척은 어렵다고 생각했습니다.

그때 당시에는 그 부르심에 반응하지 못하고 정말 이 부르심이 맞는지 여기저기 많이 확인했던 것 같습니다. 내심 마음속으로 개척보다는 분립개척이 앞으로의 목회자의 삶을 생각했을 때 더 올바른 길로 보였습니다.

하지만 주님이 제가 사역지를 옮길 때마다 저의 생각을 하나씩 바꿔 가셨습니다. 일찍이 개척을 생각했던 동료 목사님을 만나게 하시고, 분립개척한 교회의 모습을 보게 하시고, 주님이 저에게 부어 주시는 목회 철학을 더 견고히 하는 시간을 보내게 되었습니다.

이러한 일련의 시간을 거치게 되면서 제 스스로 개척을 해야 하는 목회자임을 공고히 하게 되었고, 그 누가 말려도 개척하고 말겠다는 불굴의 의지가 생겼습니다.

교회를 개척하고 싶은 마음이 있다면 "왜 꼭 교회를 개척해야 하는가?"를 질문해야 합니다. 집요하고 끈질기게 '왜'라는 질문을 해야 합니다. 혹자는 "교회가 이렇게 많은데 왜 또 교회를 개척합니까?"라고도 이야기합니다. 그러나 한국에 이렇게 아이가 많은데 왜 또 아이를 낳느냐고 질문한다면 그 사람은 어리석은 사람일 것입니다.

성경 속 초대 교회가 지금은 모두 없듯이, 모든 교회는 태어나고 자라며 없어집니다. 단, 무형교회는 영원합니다(무형교회란 구원에 동참한 성도들의 교회이다. 가시적인 유형교회와 대조된다). 제게 "왜 꼭 위드처치를 개척해야 합니까?"라고 묻는다면 "저희에게는 위드처치만의 신학적 비전이 있기 때문입니다"라고 대답하겠습니다.

세상의 모든 아이들이 다 다르듯이, 이 땅의 모든 교회는 예수님을 머리로 인정하면서 각자만의 특별한 고유의 색을 갖습니다. 동시에 각자에게 주어지는 다른 사명이 있습니다.

제가 교회를 개척했을 때 느끼는 감정은 '행복'이었습니다. 마치 아이가 태어나면 온 가족이 기뻐하듯이, 개척한다는 자체가 물론 어려움도 있지만 그보다 먼저 제 속에서부터 우러나오는 기쁨이 있었습니다. 그래서 개척하신 목사님들이 제게 "장산하 목사님, 어렵지만 행복하시지요?"라는 말씀을 하십니다. 특히 위드처치를 개척하면서 '진짜 우리에게 주신 사명을 펼쳐나가는 시간이구나!'라는 마음이 들었습니다.

부교역자로 섬길 때와는 완전히 다른 마음이었습니다. 부교역자로 섬길 때 저는 담임 목사님의 목회 철학을 따르고 지지하며 도우려고 했습니다. 그리고 각각 성도의 규모가 다른 교회를 섬기면서 많은 경험을 쌓고자 최선을 다했습니다. 하지만 잠잠히 사역의 시간을 돌아본다면, 성도의 규모가 큰 교회를 섬길 때 겉으로는 한 영혼을 외쳤지만 큰 공동체 전체를 챙겨야 하고 행정력을 갖추는 것이 먼저가 될 때가 많았습니다. 그리고 성도의 규모가 작은 교회를 섬길 때는 교역자라면 큰 것부터 사소한 것까지, 허드렛일부터 영적인 리더만 할 수 있는 모든 일을 다 할 줄 알아야 했습니다. 그러나 더 작은 규모, 어떻게 보면 저와 아내와 자녀들만 있는 교회를 개척으로 시작하니 이전과는 다르게 정말로 더 철저하게 '한 영혼'에 대한 마음을 강조하시고 말씀하신 주님의 마음이 무엇인지 온몸으로 깨닫는 시간이었습니다.

개척을 하고 나서, 한 사람의 그리스도인이 세상 속에서 진정한 그리스도인이 되기까지 얼마나 땀 흘려 기도하고 도와야 하는지 알게 되었습니다. 가정에서 한 성도가 배우자에게 하는 행동이 변화되고, 점차 예수님을 닮아가고, 자녀를 따뜻하게 사랑으로 양육하고, 세상에서 자신의 잘못된 모습을 발견하고, 주님 앞에 자신의 죄를 회개하며 변화해 가는 모습을 발견할 때 '아, 이것이 정말 행복한 목회구나!' 하고 느끼게 됩니다.

개척교회라는 거창한 말 뒤에는 한 영혼을 향한 삶이 숨어 있었습니다. 주님이 저를 개척하라고 부르셨다라고 말하기보다, 한 영혼을 위한 삶으로 부르셨다가 더 정확한 표현일지 모르겠습니다.

개척을 한다고 했을 때 사람들의 반응은 정확하게 둘로 나뉘었습니다. 한쪽은 "너무 축복한다. 믿음의 길을 응원하고 함께 기도하겠다"라는 반응이었습니다. 또 하나는 "지금 개척하면 안 된다. 너무 어리다. 더 준비를 해서 개척을 해라"였습니다.

그런 이야기를 들을 때마다, 저도 사람인지라 내가 가고 있는 길이 맞는지 의심이 들고 흔들리기도 합니다. 또 삶이 여유롭지 못하고 팍팍하게 느껴질 때는 내가 선택해서 개척한다고 한 것인지, 정말 믿음이 아니라 무모한 짓은 아니었는지 반추하게 됩니다.

어느 날 아내와 사무엘상 14장을 묵상했습니다. 요나단이 그의 부하 청년과 함께 단 둘이서 블레셋에 침투하는 내용인데 요나단이 부하 청년에게 이렇게 이야기합니다.

> 요나단이 자기의 무기를 든 소년에게 이르되 우리가 이 할례 받지 않은 자들에게로 건너가자 여호와께서 우리를 위하여 일하실까 하노라 여호와의 구원은 사람이 많고 적음에 달리지 아니하였느니라(사무엘상 14:6)

요나단의 고백이 믿음의 고백이기도 하지만, 다른 시각으로 보면 정말 무모한 고백이라고 생각했습니다. 왜냐하면 사울이 거느린 군대는 고작 600명이고 블레셋은 병거 3만 대와 마병 6,000명을 거느리고 있었습니다. 그런데 요나단은 단 두 명으로 적진에 들어가는 것입니다. 그때 무모함과 믿음의 차이는 무엇인가 묵상했습니다. 그것은 요나단의 '마음의 태도'라고 깨닫게 되었습니다.

요나단은 자신의 마음대로 '무조건' 공격하겠다고 하지 않습니다. 요나단은 하나님께서 "아니다"라고 말씀하시면 즉시 순종할 준비가 돼 있었습니다. 요나단은 하나님을 진정 왕으로 모시고 주님께 묻고, 하나님께 표징을 구합니다(삼상 14:9-10).

요나단의 행동이 믿음이라고 분별할 수 있게 해 주는 것은 바로 주변의 사람들입니다. 요나단이 블레셋으로 건너간다고 할 때, 부하 청년의 고백이 너무 큰 감동으로 다가왔습니다.

> 무기를 든 자가 그에게 이르되 당신의 마음에 있는 대로 다 행하여 앞서 가소서 내가 당신과 마음을 같이 하여 따르리이다(사무엘상 14:7)

무모하다고 생각할 수 있는 영역이 믿음으로 바뀌는 순간입니다.

목숨을 던지는 고백입니다. 함께 해 주는 무기를 든 자 때문에 요나단은 무모함을 믿음으로 바꾸는 행동을 할 수 있었습니다. 저에게 있어 가장 큰 동역자는 바로 아내입니다. 제 옆에서 늘 함께 개척의 길을 가 주기 때문입니다. 또 정말 감사하게 "내가 당신과 마음을 같이 하여 따르겠습니다"라고 고백하는 성도와 가정들을 만나게 되었습니다. 요나단은 단 한 명만 있어도 전진할 수 있었습니다. 이와 같이 개척도 동일하다고 생각합니다.

한 명만 있으면, 나와 같이 주님을 바라보고 영혼을 바라보고 하나님의 뜻을 구하며 무모함을 믿음으로 바꿔 줄 한 사람만 있다면 그 삶이 믿음의 삶이 됩니다.

이 성경 구절에서 발견한 개척의 상황과 동일한 부분이 있습니다. 개척을 준비하고 시작하는 과정에서 사울과 같은 지도자들도 만나게 됩니다. 개척하면서 누군가는 찬성만 하는 것이 아니라, 뒤에서 개척하는 목사를 욕하고 또 대놓고 공격하기도 합니다. "네가 뭔데 개척을 하냐?"라고 말하면서 말입니다.

하지만 다윗처럼 좋은 믿음의 친구, 믿음의 스승도 만납니다. 그래서 개척의 시간 동안 함께 갈 수 있는 좋은 어른과 나쁜 어른을 분별할 수 있게 됩니다. 좋은 어른은 가까이에서 배우고 싶습니다. 그러나 나쁜 어른은 안타까운 마음과 함께 멀리하게 됩니다. 사람의 지지만을 의지해서 이 길을 간다는 것은 참 쉽지 않습니다.

분명한 하나님의 부르심을 붙잡고 함께 그 부르심에 반응하는 동역자가 있다면, 주변의 부정적인 반응과 만류에도 나아갈 수 있는 믿음이 생깁니다. 개척을 준비한다면 동역자를 위한 기도가 정말 필요합니다. 무모함이 아닌 믿음의 길로 함께 갈 동역자를 붙여주시길, 저도 함께 기도합니다.

- 믿음의 발걸음을 내디딜 수 있는 사람은 행복한 사람이다.

- 나에게 개척은 믿음인가요, 무모함인가요? 믿음이라면 그것을 어떻게 알 수 있나요?

PART 2

개척은
현실이다

START

05.
돈에 대한 계획을 세워야 한다

교회를 개척하면서 가장 현실적으로 준비해야 할 것이 있는데 바로 '재정'입니다. "나는 믿음으로 개척합니다"라고 말하면서 체계적으로 재정을 준비하지 않는다면 결국 개척교회는 문을 닫게 됩니다. 알다시피 교회를 개척할 때 매달 지출되는 상당한 재정이 있기 때문입니다.

재정은 믿음이 있다 없다를 판가름할 영역이 아닙니다. 충분한 고려의 시간을 거치고, 지혜를 구하고, 1년이든 2년이든 재정으로 준비될 가능성이 보일 때 움직이는 것은 크리스천이 아니더라도 누구나 알고 있는 상식과도 같은 것입니다. 목회자라는 이유로 그것을 믿음으로 치부하며 간과해서는 안 됩니다. 철저한 준비가 반드시 필요합니다.

개척하면서 재정을 무시하게 된다면 큰 어려움을 겪게 됩니다. 그러나 재정에 대해서 염려하지는 않되 어떻게 체계적으로 재정을 준비할지 철저한 전략을 통해 자신만의 방식을 계획하고 준비해야 합니다.

그래서 저희 부부는 재정을 크게 세 가지로 구분하여 계획했습니다. 첫째는 매월 생활비를 어떻게 마련할지, 둘째는 예배당 비용을 어떻게 해야 할지, 마지막 셋째는 후원자는 어떻게 확보할지 계획했습니다.

옥한흠 목사님은 사도행전 강해 설교에서 이렇게 말씀했습니다.

"오늘날에도 교회 개척을 하든 이런 전략을 무시할 수 없습니다."

사도 바울도 전략적으로 회당을 거점으로 삼고 복음을 전함으로 자연스럽게 복음의 소문이 퍼져나갈 것을 알았다는 것입니다. 개척에도, 개척을 준비하는 것도 '전략'이 정말 필요합니다.

> 주의 말씀이 너희에게로부터 마게도냐와 아가야에만 들릴 뿐 아니라
> 하나님을 향하는 너희 믿음의 소문이 각처에 퍼졌으므로 우리는 아무
> 말도 할 것이 없노라(데살로니가전서 1:8)

데살로니가교회의 믿음이 마게도냐와 아가야뿐만 아니라 각처에 두루 소문이 나서 믿는 자의 본이 된 것입니다. 즉, 사도 바울이 복음을 전하지 못하는 도시까지 복음이 확산되는 전략을 생각한 것입니다.

복음을 지속적으로 전하기 위해서와 교회를 개척하고 유지하기 위해서도 반드시 지혜로운 전략이 있어야 합니다. 저는 앞서 말씀 드린대로 1만 원 후원을 통해서 매달 270만 원의 사례비를 교회에서 받는 구조를 통해 사역을 하게 됐습니다. 이따금 개척교회 목사가 너무 많은 사례비를 받는 것이 아니냐고 묻기도 합니다. 4대 보험도 없고, 의료 보험도 아내 앞으로만 되어 있지만, 270만 원이 정

말 큰 재정으로 느껴질 때가 많습니다. 그래서 제가 왜 이 구조를 만들었나 생각해 보았습니다. 제가 개척교회 강의를 들으면서 한 목사님께서 개척교회는 목회자의 사례비를 최우선으로 해야 한다고 하신 말씀이 생각났습니다. 이유는 이렇습니다. 개척교회는 목회가 지속되어야 하는데, 목회자가 생활고로 삶이 어려워지면 결국 개척교회는 버티지 못하고 무너지게 된다는 겁니다. 맞는 말이었습니다.

한 사례로 어떤 목사님이 개척을 시작할 때 목회자 사례비를 30만 원으로 시작했습니다. 지금은 교회가 안정적인 규모가 되어 약 100명의 성도가 있습니다. 그런데 목사님은 여전히 생활고로 고통스러워하신다는 겁니다. 이유를 들어보니 성도님들은 100명이 되었지만, 목회자 사례비는 고작 20만 원이 늘어 월 50만 원의 사례비를 받고 있다는 것입니다.

그래서 저희는 개척했을 때 교회 통장을 만들어 저희 가정의 재정과 교회의 재정을 분명하게 구분했습니다. 그리고 교회의 재정을 매달 사례비로 받는 구조를 만들었습니다. 목회자가 목회를 지속

할 수 있는 적정선의 사례비를 유지하기 위해서입니다.

또한 후원을 받되 당연한 일이지만 감사의 편지와 선물을 후원자분들에게 보냈습니다. 그리고 개척 2년째에도 후원이 부담이 되는 분들은 하지 않도록, 계속 후원해 주실 분들만 후원해 주시도록 다시 한번 점검하고 부탁드렸습니다.

후원받은 돈의 규모를 세웠습니다. 초기에 온라인 예배를 통해 시작했기에 장비에 들어가야 하는 돈이 있었습니다. 지인들을 통해, 또는 중고제품으로 저렴하게 온라인 예배에 필요한 장비들을 구입했습니다. 전도의 목적으로 교회를 알릴 수 있는 것들을 구비하고 그런 부분들을 후원자분들께 공유하고 감사를 표현했습니다. 혼자 재정을 감당했으면 하지 않았을 일들을 후원받는 상황에서 개척을 하게 되니 저희의 개척의 상황을 공유하는 통로를 만들고 활용하게 되었습니다.

정리한다면 재정의 세 가지 구분, 첫째로 매월 생활비는 교회에서의 사례비와 아내의 수입을 통해 충당했습니다. 감사하게 아내도 일을 하게 되면서 개척의 장기적인 재정 계획을 준비했습니다. 둘째, 예배당 비용은 주일마다 장소 대여를 통해 임대료에 대한 부담을 현저하게 줄였습니다. 셋째는 기도편지와 사역했던 교회들을 통해 확보했습니다. 개척하고 1년 반이 지나면서 성도들의 헌금생활을 통해 재정의 균형을 조금씩 갖춰가기 시작했습니다.

- 사도 바울은 복음을 전하고 교회를 개척할 때 분명한 '전략'이 있었다.

- 후원자와 후원 교회는 어떻게 확보할 계획인가요?

- 교회 개척 후 1년, 2년, 3년 단위의 재정 계획이 있나요?

06.
누구와 함께할 것인가?

제가 개척을 준비하면서 만났던 목사님 중 한 분이 웨이처치의 송 준기 목사님이십니다. 송준기 목사님은 제게 함께 개척을 세워갈 가정들을 만나 목회 비전을 나누고 함께 콜링할 것을 권면해 주셨 습니다. 저희 가정은 기도하면서 함께 개척할 가정을 만나 비전을 나누고 사역적인 콜링을 했습니다. 저희는 코로나가 한창일 때 시 작했습니다. 그래서 온라인 사역을 잘 감당할 가정과 또 찬양 사역 자 가정이 세워지도록 기도했습니다. 그리고 1년 동안 한 달에 한 번씩 함께 개척을 위해서 기도하는 모임을 가졌습니다. 어떻게 됐 을까요? 저희의 생각대로 되지 않았습니다.

1년의 기도 후 정말 이제는 개척을 시작해야 할 때가 되었습니다. 그때 나누었던 중요한 이야기가 있었습니다.

"여보, 아무도 없고 우리 가정만 예배드려도 예수님 한 분으로 정말 충분할 수 있을까?"

저는 그 질문 앞에 솔직하게 "아니... 그렇게 못 할 것 같아"라고 대답했습니다. 이것이 제 솔직한 심정이었습니다. 그렇다면 아직 개척 준비가 되지 않았다는 생각이 들었습니다. 그렇게 아내와 매주 둘이서 예배하며 개척을 준비할 때, 다시 질문했습니다.

나는, "아무도 없고 우리 가정만 예배를 드려도 예수님 한 분으로 정말 충분한가?" 이 질문 앞에 "네. 예수님 한 분만으로 저는 정말 충분합니다"라고 대답했고, 아내도 저와 같이 대답했습니다. 그 순간 '이제 개척할 준비가 됐구나!' 싶었습니다. 이렇게 고백했기 때문에 아무도 없어도 저희는 예수님을 바라보며, 예수님 때문에 행복하게 개척을 할 수 있었습니다. 마치 선교사님이 다른 나라로 가서 그 땅에 개척해서 주님을 바라보고, 영혼을 위해서 기도하는 것처럼, 저희 가정은 '용인 선교사, 동백 선교사'라는 마음으로 시작하게 되었습니다. 결론적으로 두 가정은 저희와 함께 시작하지 않았습니다. 처음 개척을 시작했을 때 코로나가 심각했기 때문에 제 아내와 아이들도 오지 못하고 저와 피아노를 섬기는 자매, 온라인 송출할 형제 이렇게 세 명이서 3개월 동안 예배를 드렸습니다.

또 사역적인 것 이외에도 개척을 준비하고 시작하는 과정에서 저희 교회와 함께하자고, 전도하려고 만나는 사람은 저희 교회에 오지 않았습니다. 그런데 아무 목적 없이 순수한 마음으로 만난 사람은 기대하지 않았는데 저희와 함께하게 되었습니다. 생각해 보니, 성도들의 입장에서 개척교회 목사가 함께하자고 하면 얼마나 부담스러울지 그때는 상상하지 못했던 것 같습니다. 하지만 저희가 반대로 목적 없이, 부담 없이 만난 성도들은 또 부담 없이 저희와 함께하고 싶었던 것입니다.

그렇게 용인 동백에 위드처치를 개척했습니다. 양구에서 오는 가정, 아산에서 오는 가정, 수원에서 오는 가정, 용인과 동백에서도 성도님들이 와서 함께 예배하기 시작했습니다.

통계에 따르면, 30~40대 부부들이 코로나 이후로 가장 많이 교회를 떠나게 됐다고 합니다. 이들을 '플로팅 크리스천'(floating christian)이라고 부릅니다. 가나안 성도와는 또 다릅니다. 가나안 성도들은 교회의 상처 때문에 교회를 떠났다면, 플로팅 크리스천은 코로나19 팬데믹으로 인해 온라인상에 붕 떠 있는 상태의 성도들을 뜻합니다. 이런 가정들을 만나고, 여러 통로를 통해 온라인으로 계속 저희 교회 위드처치(With Church)를 알렸습니다. 그랬더니 그 성도들이 저희를 만나고, 온라인을 통해 교회로 찾아오기 시작했습니다. 결국 계획에 없었던 사람, 목적 없이 만났던 사람들이 오게 된 것입니다.

지금 함께하는 성도들과 정말 행복한 시간을 보내고 있습니다. 주님이 붙여주시는 사람, 주님이 허락하신 사람들이 모인 공동체라고 생각하니 더 애정이 갑니다. 제가 성도들에게 꼭 듣고 싶은 말이 하나 있습니다.

"목사님은 개척교회를 하시는데 왜 이렇게 얼굴이 행복하세요?"

- 목회자의 얼굴이 예수님 한 분으로 정말 행복할 때, 성도들은 그 교회의 매력을 느낀다.

CHECK

- 혹시 함께 개척하려는 성도나 가정이 있습니까?

- 개척을 함께 시작할 가정이 없더라도 예수님 한 분만으로 행복할 수 있나요?

07.
무리해서 임대하지 않기

또 하나 무시할 수 없는 것은 바로 '장소'입니다.

위드처치를 개척하면서 재정적인 부담을 낮출 수 있었던 한 가지
는 바로 '예배당'이었습니다. 개척교회를 빚과 함께 시작하여 매달
월세와 관리비를 내기 어려워서 문을 닫는 안타까운 교회들을 보
았습니다. 교회를 개척하면 100개의 교회 중 97개의 교회가 문을
닫는다는 소식을 들었습니다. 수도권에서 교회를 개척해서 임대할
경우 월세와 전기료, 수도세, 관리비까지 매달 적게는 200만 원에
서 크게는 600만 원까지 나갈 수 있습니다.

저희는 임대를 하지 않고 장소를 대여하여 재정의 가장 큰 부분을 차지하는 임대료를 낮추기로 했습니다. 그래서 위드처치를 개척할 때 처음에 장소를 찾기 위해서 기도하면서 장소들을 물색했습니다. 그러다가 한 권사님께서 카페를 운영하시는데 주일은 쉬고 계신 것을 알게 됐습니다. 그리고 권사님께서도 주일에 개척하는 교회가 인큐베이팅(incubating) 하는 곳이 바로 그 카페가 되기를 기도하고 계셨습니다. 그래서 저희는 한 달에 20만 원으로 주일마다 장소를 대여해서 사용할 수 있었습니다. 감사하게 장비들을 보관할 수 있는 창고도 있었습니다. 그렇게 저희 위드처치는 첫 번째 장소에서 1년 동안 주일마다 카페를 대여해서 예배를 드렸습니다.

1년이 지나고 새로운 성도들과 아이들이 오기 시작하면서 좀 더 넓은 장소에서 아이들과 함께 예배할 수 있는 장소를 찾기 시작했습니다. 그렇게 두 번째 예배 처소로 옮겼는데 그곳은 교회였습니다. 한 여성 목사님께서 개척한 곳인데 성도가 아직 없어서 저희가 오전에 사용할 수 있었습니다. 특히 교회의 인테리어가 전통적인 형태가 아니고, 깨끗한 공간으로 되어 있어서 아이들도 편하게 예배드릴 수 있었습니다. 6개월 동안 너무 좋은 장소에서 예배를 드렸습니다. 구두계약으로 매달 40만 원으로 장소를 대여했습니다. 이 장소를 결정하기까지 세 곳을 두고 성도님들과 같이 투어하기도 했습니다. 직접 가 보고, 가서 든 느낌들을 나누기도 하고, 어디가 더 우리에게 적합할지 같이 결정했습니다. 그러면서 교회 장소에 대한 성도님들의 구체적인 기도제목이 생기기도 했습니다.

두 번째 장소에서 어려움이 생겨서 갑작스럽게 세 번째 장소로 옮기게 됐습니다. 갑작스러운 상황이어서 저희 부부는 용인 동백 지역을 돌아다니면서 주일날 사용하지 않는 학원이나 장소 대여 공간을 찾기 시작했습니다. 그러다 좀 넓은 피아노 연습실을 찾게 되었습니다. 그곳 대표님이 크리스천이셔서 사정을 봐주시고 저렴한 비용으로 해 주셨습니다. 그래서 매달 40만 원에 장소를 대여해서 사용할 수 있었습니다. 급작스럽게 정하느라 성도님들과 상의하는 시간이 없었지만 장소를 빠른 시간 안에 수월하게 구하도록 같이 기도제목을 공유하며 결정하게 되었습니다. 그리고 짧은 시간 안에 잘 구한 것에 대해서 함께 기뻐할 수 있었습니다.

장소를 옮기는 것을 얘기하는 것이 처음에 성도님들에게 미안한 마음이 컸습니다. 자주 옮겨다녀야만 하는 나그네 신세인 것에 정말 미안했습니다. 하지만 오히려 우리가 나그네 교회기 때문에 누리는 유익을 성도님들이 먼저 알고 이해해 주셨습니다. 장소를 옮기고 첫 예배를 드릴 때 한 성도님이 이렇게 고백했습니다.

"이렇게 예배드릴 수 있는 게 감사하죠."

세 번째 장소는 교회에 짐을 둘 수 있는 공간이 없어서 집에 짐을 두고 주일 새벽에 아내와 제가 앰프, 신디, 기타, 카메라, 스피커 등을 모두 설치하고 정리하는 일을 매주 하게 되었습니다. 아직 우리가 젊으니 감당할 수 있겠다 생각하고 현재 6개월이 넘는 시간 동안 잘 감당하고 있습니다. 하지만 이렇게 예배를 위한 설치를 매주 하면서 육체적으로 아픈 곳도 생기고 병원을 다니기도 합니다. 그러나 재정에 대한 부담을 감수한다는 생각으로 기쁘고 즐거운 마음으로 감당하고 있습니다. 그래서 젊을 때 개척해야 한다고 하는 선배님들의 말에 공감이 가기도 합니다.

특별히 장소의 개념은 굉장히 중요하다고 생각합니다. 매년 시대의 키워드를 분석하는 '트렌드 코리아'에 따르면, 최근 중요하게 부각되고 있는 키워드는 '공간력'(Magic of Real Spaces)입니다. 코로나 이후 온라인만 살고 오프라인은 죽었을까요? 그렇지 않습니다. 그냥 공간이 죽는 것이 아니라 '지루한' 공간이 죽는다고 말합니다.

예를 들어, 젊은 30~40대 부부에게 아주 오래된 예배당이 매력이 있을까요? 개척교회라고 할지라도 '매력적인 장소'로 그들이 오게 해야 하는 것 같습니다. 매력 없는 장소에 마련된 개척교회에는 비그리스도인들도 오고 싶지 않을 것이기 때문입니다.

장소를 대여하고 있지만, 그래도 교회 임대에 대한 고민은 계속됩니다. 하지만 교회가 온전히 재정적으로 자립할 수 있을 때 교회를 임대해도 늦지 않다고 생각했습니다. 교회가 오래 유지되고 한 영혼을 위해서 지속하고 싶다는 마음이 우선이었기 때문입니다. 그리고 공간력에 대해 크게 공감하면서, 싸고 저렴하지만 사람들이 오기 싫은 장소를 임대하고 싶지 않았습니다. 함께하는 성도님들과 또 함께할 성도님들과 오고 싶은 교회에서 예배하고 교제하고 싶었습니다.

오고 싶은 교회, 사라지지 않는 교회가 되기 위해 임대보다는 장소 대여를 선택하면서 장단점을 다 느끼며 지내는 중입니다. 어린아이들이 있으니 나눔과 모임을 할 장소가 있었으면 좋겠다고 하면서, 이런 고민들을 성도들과 함께 나누며 위드처치만의 장소가 생기기를 같이 기도하고 있습니다. 대여할 장소를 알아보는 것도, 사람들이 찾아와서 불편하지 않을 장소를 고민하고 기도하며 결정하는 것도 정말 중요합니다. 결국 교회가 유지되기 위한 선택으로 장소 대여를 시작했지만, 그 과정 가운데 함께하는 성도님들이 있다는 감사함을 느끼게 되었습니다.

- 무리해서 임대하지 않아도 된다. 비그리스도인도 오고 싶은 매력
  적인 장소면 된다.

CHECK

- 혹 교회를 임대할 계획인가요?

- 만약 임대한다면 임대비용과 매달 월세는 어떻게 마련할 계획인
  가요?

08.
개척교회 목사는 OOOOO이다

저는 감사하게 일을 하지 않고, 목회에 전념할 수 있는 시간을 확보했습니다. 그러나 아이들이 조금씩 자라기 시작하면서 재정이 충분하지 않기에 아내가 일하기 시작했습니다. 보통 개척교회의 목사가 일을 하면, 아내가 아이들을 돌봐야 하는데 저희는 반대 구조가 되었습니다. 아내가 일을 어느 정도 하고, 저는 목회와 아이들 돌봄과 집안일까지 해야 하는 상황이 되었습니다. 코로나 이전에는 방문수업을 해서 저녁 5시에 나가면 새벽 1~2시까지 하고 집으로 들어오니 아이들이 엄마를 볼 수가 없었습니다. 그런데 감사하게 코로나 이후로 화상 수업으로 전환되면서 아내가 아이들과 저녁 식사도 함께 할 수 있고, 저녁에 아내가 방에서 화상 수업을 하고 제가 아이들을 돌보고 재우면 되는 상황이 되었습니다.

저희 교회는 아직 새벽예배가 없습니다. 그래서 아내와 저는 어떻게 경건생활을 일관성 있게 할 수 있을까 고민했습니다. 그래서 매일 아침 7시에 함께 묵상하고 말씀을 가지고 아내가 중보기도를 인도하고 함께 깊이 있고 풍성한 기도 시간을 갖습니다. 그리고 8시면 아이들과 함께 하루를 시작합니다. 저희가 영적인 생활을 붙잡을 수 있도록 해 주는 소중한 시간입니다.

그리고 저희 부부는 일주일 중 하루는 꼭 쉼의 시간을 확보하도록 노력했습니다. 목회가 장기적인 사역임이 분명한데 부부의 쉼의 시간이 없으면 목회를 힘 있게 유지할 수 없다고 생각했기 때문입니다. 저에게 가장 큰 힐링은 아내와 데이트하는 시간입니다. 목회자에게 영적인 휴식도 필요하지만, 그것뿐만 아니라 정서적인 휴식도 반드시 필요하다고 생각합니다.

교회는 용인 동백에 개척했지만, 사는 집은 서울 노원이었습니다. 성도의 교제와 전도를 위해 사는 지역을 용인으로 옮기려고 노력하지만, 아직 이사가 원활하게 되지는 않는 상황입니다. 이러한 상황에서 주님이 저에게 책을 쓸 수 있는 통로를 열어 주셨습니다. 3년 동안은 책을 쓰고 사역을 준비하는 시간이 많은 부분을 차지했습니다. 특별한 일이 없는 한 평일의 시간은 아이들을 챙기고, 성도의 필요가 있을 때 심방하고, 온라인 어린이예배를 준비하고, 섬기는 위지엠 사역을 준비하고, 설교를 준비하는 시간으로 사용합니다. 변수가 생기면, 미리 해야 할 일들을 해결하고 시간활용을 합니다. 가장 중요하게 생각하는 것은 개인적인 경건생활과 설교를 준비하는 시간, 주일예배의 찬양과 준비입니다.

한 번의 주일 설교에 목숨을 걸고 예배를 준비합니다. 주일예배가 끝나면, 그날 저녁부터 다음 주 주일예배 설교와 예배 사역을 준비합니다. 정말 이 한 번의 예배를 통해 하나님의 임재를 경험하지 못하면 우리는 죽는다는 마음으로 생명을 다해 예배와 설교를 준비하고 있습니다. 그리고 주중에 계속 가정과 성도를 심방하고 만났습니다. 특별히 교회를 떠난 가정과 성도를 심방하는 것에 집중했습니다. 그 외에도 영상작업과 편집, 어린이예배까지 필요하고 중요하지만 세밀하고 작은 일도 처음부터 끝까지 모두 해내야 했습니다. 개척하고 제 주된 사역은 설교하고, 목양하고, 교회를 향해 비전을 제시하는 것입니다. 그리고 책 집필을 통해 예수 그리스도를 높이는 사역을 지금도 여전히 하고 있는 중입니다.

나머지 시간은 가정을 섬기는 데 집중했습니다. 제가 일을 해야 하는데 대신 아내가 일을 하니 저는 아내가 했던 가정의 일을 더 하게 되었습니다. 아이들이 아직 어려서 아이들을 돌보는 일과 요리부터 설거지, 집안 정리는 매일 해도 끝이 없습니다.

그리고 마지막으로 유기성 목사님이 섬기시는 위지엠(예수동행운동)에 나가서 회의하고 사역하면서 예수동행집회 디렉터로 함께 섬길 수 있었습니다. 이것이 개척목회에 있어서 다른 시야를 열어 주는 일이 되었습니다. 가정에서의 일도 위지엠 사역도 개척목회에서 빼놓을 수 없는 중요한 사역이 되었습니다.

개척교회를 운영한다는 것은 자영업자와 비교해도 다를 바가 없다고 생각합니다. 추구하는 목적과 방향은 달라도 그 면면을 살펴보면 비슷한 구석이 꽤 많습니다. 출퇴근의 시간이 없습니다. 교회에 대한 생각이 끊임없이 머릿속에 자리잡고 있습니다. 생각나고 필요하면 바로 그 일을 해야 합니다. 책임의 경중이 저에게 달려 있습니다. 집에서 아이들을 돌보다가도 사역적인 생각을 펼쳐나가며 필요한 일들을 바로바로 수행합니다. 주님께 끊임없이 묻고 나아갑니다. 사람들의 반응과 평가를 생각합니다. 더 나은 방향으로, 더 나은 지혜를 구합니다. 생각하지 않으면, 스스로 책임지지 않으면 대체할 사람이 없습니다.

제가 코로나에 걸리고, 독감이 걸렸던 적이 있습니다. 그때는 온 교회가 온라인 예배로 방구석 예배를 드렸습니다. 제가 격리된 방에서 온라인 예배 세팅을 하고 혼자 걸걸한 목으로 찬양하고 설교했습니다. 그렇기 때문에 건강 관리도 저에게 아주 중요한 부분입니다. 목사도 한 명이고 교역자도 한 명이고 남편도 아빠도 한 명이기에 모든 책임은 저에게 있습니다. 개척교회 목사는 한 명의 자영업자와 같습니다.

• 개척교회 목사는 모든 것을 책임져야 하는 한 명의 자영업자다.

• 교회를 개척하고 부부가 사역과 일 그리고 가정을 어떻게 균형 있
  게 섬길 수 있을지 많은 대화를 나누고 있나요?

PART 3

기쁨과 고통
함께
극복하기

WITH

09.
열등감, 어떻게 극복할 것인가?

제가 청년 시절 중국으로 단기선교를 갔었을 때 일입니다. 중국 운
남성에 차마고도 호도협의 중도객잔에 가기 위해서 작은 말을 타
고 높은 산에 올라갔습니다. 그 길이 어찌나 좁던지 말에게 너무
미안한 마음이 들었습니다. 무거운 가방까지 메고 있었던 저는 말
이 높은 경지를 오를 때 조금이라도 덜 힘들게 하려고 몸을 앞으로
기울였습니다. 또 내리막길이면 몸을 뒤로 기울였습니다. 그 좁은
길에는 말의 배설물이 가득했습니다. 저는 말이 너무 짠해서 말을
쓰다듬으며 "조금만 힘내자. 할 수 있어!"라고 말했습니다.

시간이 흘러 목회자의 길을 가게 됐습니다. 목회자의 길을 가다 너

무 힘들어서 눈물 흘리며 기도할 때 하나님께서는 차마고도 호도 협에 올랐던 길을 생각나게 해 주셨습니다. 좁은 길은 배설물도 있는 고난의 길이지만 예수님과 함께 가는 길임을 알려 주셨습니다.

제가 위드처치를 개척하고서 힘들었던 것 중 하나는 바로 '비교 의식'이었습니다. 누구는 큰 교회고 누구는 작은 개척교회라는 생각이 든 것입니다. 목회자는 자신의 교회의 성도가 조금만 많아지면 우월감에 빠지고, 조금만 적어지면 열등감에 빠집니다.

교회를 개척하고 저에게 제일 큰 고통이었던 것은 제 자신이 우월감과 열등감 사이를 널뛰기한다는 것이었습니다. 큰 교회를 보면서 그곳의 부패한 점을 찾으려 애쓰고, 저희보다 더 작은 교회를 보며 우월감과 안도감을 느꼈습니다. 저는 다른 교회들과 비교하기에 분주했던 것입니다. 무언가 제 자신이 잘못되었다는 것을 깨달았습니다.

그러다 어느 날 과일을 생각하게 됐습니다. 수박이 크다고 우월하고, 딸기가 작다고 열등하지 않습니다. 수박은 수박의 맛을 내면

되고, 딸기는 작아도 딸기의 맛과 향을 내면 그것으로 충분한 것이라 여겨졌습니다. 다만 아무리 수박이 커도 그 안이 썩어 있다면 그 수박은 먹을 수 없습니다. 크다고 자랑할 것도 없고 작다고 위축될 필요도 없습니다.

다만 작더라도 맛과 향을 잃지 않는 딸기처럼, 개척교회가 가야 할 길은 묵묵히 주님의 인도하심을 받으며 예수님과 함께 걸어가기만 하면 그것으로 충분하다고 생각됩니다.

한번은 유기성 목사님을 주축으로 하는 예수동행운동 파트너스 모임으로 70여 명의 목사님, 사모님들과 함께 1박 2일 리트릿(retreat)을 갔습니다. 그곳에서 목사님들의 간증을 들으며 저는 많이 위로받고 감동받아서 참 많이 울었습니다. 어떤 목사님은 교회에서 "예수 동행"을 외치자 그에 반대하는 장로님들이 목사님을 공격하고 쫓아냈다고 합니다. 고난 중에 있는 이 목사님은 오직 예수님 한 분을 붙들고 60세의 나이에 다시 개척을 하셨습니다.

제가 본 그 목사님은 단지 '예수 동행'의 철학을 위해서 그 고난을 받으신 것이 아니었습니다. 정말 예수님 한 분만 붙들고 다시 개척의 길을 가고 계시는 것이었습니다. 그리고 목사님은 정말 예수님 한 분만 바르게 전하고 가르칠 수 있다면 고난의 길, 십자가의 길도 예수님과 함께 갈 수 있다 고백하셨습니다.

환경이 주는 행복은 잠깐이지만, 예수님이 주시는 기쁨은 형언할 수 없고 영원합니다. 주님께서 저에게 십자가의 길, 고난의 길이 '차마고도의 호도협'과 같다고 말씀하실 때 저는 말이었고 제 위에 타신 분은 바로 예수님이셨습니다. 주님은 제가 고난이라고 여기는 시간을 지날 때면 제게 "산하야, 할 수 있어. 조금만 힘내! 나와 함께 가자!"라고 말씀하시는 것 같습니다. 개척의 길은 고난의 길이지만 예수님과 가장 생생하게 동행하는 길입니다. 예수님과 동행하는 믿음의 눈이 열렸을 때, 제 안에 있던 열등감의 멍에로부터 자유를 경험할 수 있었습니다.

- 개척자가 예수님과 실제적이고 생생하게 동행한다면 그곳이 어디든지 하나님의 나라이다.

Check

- 나에게 혹시 목회의 열등감이 있습니까? 만약 있다면 어떻게 다룸 받을 수 있을까요?

10.
끝나지 않은 재정

개척을 하고 후원자들과 후원 교회를 일으켜서 사역에 집중할 수 있었습니다. 그런데 개척한 지 얼마 되지 않아 교회 사례금과 선교비, 장소 대여비, 주일 식사 등을 하고 나니 약 두세 달 뒤면 재정이 바닥이 날 것이 보였습니다. 마음이 막막하고 일을 시작해야 하나 고민을 했습니다. 그러던 중 그동안 쓰고 있던 책을 완성하고 나서 일을 시작하기로 작정했습니다. 그렇게 해서 완성된 것이 첫 번째 책 『죄에 좌절한 이 시대 청년들에게』입니다. 감사하게도 재정은 아슬아슬했지만 제가 일을 하지 않고 목회에 집중할 수 있을 정도의 재정이 매달 채워졌습니다.

그러나 몸이 멀어지면 마음이 멀어지듯 후원자들도 점점 조금씩 끊어지기 시작했습니다. 재정에 대한 두려움과 염려는 내려놓고 지혜를 구하며 기도하되 어려울 때는 언제든 다시 일할 수 있는 마음의 준비도 했습니다. 그러던 중 톰 레이너(Thom S. Rainer) 목사님의 『살아나는 교회를 해부하다』(Anatomy of a Revived Church)라는 흥미로운 책을 읽었습니다. 살아나는 교회 중에 재정의 영역도 참 중요한데, 어느 한 교회는 후원해 주는 성도를 향해 감사 편지와 선물들을 보냈다는 것입니다. 그리고 그 효과는 굉장히 컸는데 후원자들이 지속될 뿐만 아니라 교회의 재정도 더 채워지는 것을 경험했다고 합니다.

저희 부부는 두 번째 책 『결혼생활, 나만 힘들어?』를 출간하고 가장 먼저 후원자분들과 후원 교회들에게 편지와 책을 예쁘게 포장하고, 위드처치 컵을 제작해서 소포로 약 50여 명에게 보냈습니다. 후원이 더 늘어나기 원하는 마음보다는 매일 피와 땀을 흘려 재정을 벌고, 또 흘려보내는 것임을 알기에 감사의 마음을 표현하고 싶었습니다. 그리고 위드처치에도 재정의 위기가 있었지만, 한 가정한 가정씩 교회에 오게 되면서 성도의 십일조와 헌금을 통해 교회의 재정이 조금씩 일어서는 것을 경험했습니다.

저희는 지금도 후원자분들에게 어떻게 감사를 표현할까 고민하고, 어떻게 기도편지를 작성할지 계획을 세웁니다. 나아가 교회가 자립할 수 있는 그날이 되어 후원자분들에게 다른 개척교회로 헌금을 하실 수 있도록 권면할 수 있는 교회가 되길 꿈꾸고 소망합니다.

- 하나님을 신뢰하며 수고하고 땀 흘리는 자에게 하나님께서는 먹이시고 입히신다.

CHECK

- 재정에 대한 끊임없는 고민과 염려가 몰려올 때 어떻게 합니까?

11.
사람이 떠날 때 허무함

제가 부교역자로 사역할 때 교회가 성도들을 대하는 완전히 다른 두 자세를 보았습니다. 한 교회는 성도와 가정이 교회를 떠나 다른 교회로 이동할 때 붙잡는 것입니다. 다른 교회로 떠나는 성도나 가정을 배신자처럼 여기기도 합니다. 하지만 이미 떠나기로 결정한 성도와 가정은 오랫동안 마음의 준비를 했고 아무리 말려도 막을 수 없었습니다.

이와 정반대의 교회가 있었는데 성도와 가정이 교회를 떠날 때 모든 성도님이 주일에 축복송을 부르고 축복하며, 함께 기도해 주고 파송하는 것입니다. 매번 성도님들이 교회를 떠날 때 그 교회는 이렇게 축복하면서 파송했습니다. 제게는 이 모습이 적지 않은 충격으로 다가왔습니다. 교회의 사역과 재정과 힘을 생각하면 붙잡는 것이 마땅할 수 있는데 오히려 온전히 성도를 파송할 수 있다니 진심으로 한 영혼을 생각하는 교회의 마음이었습니다.

저는 개척하면서 꼭 후자의 교회 모습처럼 축복하며 보내리라 다짐했습니다. 실제로 위드처치에 왔다가 다른 교회를 고민하는 가정들이 있으면 저희는 진심으로 들어주고, 다른 교회로 가는 것이 더 유익이 있다면 그곳으로 가도록 축복해 주었습니다. 왜냐하면 하나님께서 결국 위드처치에 보내 주실 성도와 가정을 반드시 보내 주신다는 제 마음의 확신이 있었기 때문입니다.

어느 날 저희 교회에 의탁하여 함께 섬기고 있는 가정이 교회학교 때문에 갑자기 더 큰 교회로 떠나는 일이 있었습니다. 그때 제 마음이 어렵기 시작했습니다. '우리 교회에 어린이예배가 없어서 결국 더 큰 교회로 갔나? 우리 교회에 어떤 문제가 있나?'라는 생각에 힘들었던 마음을 추스르고 사역에 임했습니다. 시간이 흘러 또 다른 가정이 찾아왔고 섬김과 재정으로 저희 교회에 큰 힘이 되어 주었습니다. 그러나 그 가정마저도 어떤 일로 교회를 떠나는 일이 벌어졌습니다. 축복해 줄 시간도 없이 순식간에 일어난 일이었습니다. 제 마음도, 남아 있는 성도들의 마음도 어려웠습니다. 마치 폭풍이 휩쓸고 지나간 자리 같았습니다. 그러자 제 마음에 허무함이 찾아왔습니다. '이것이 개척인가?' 그러나 어려운 마음을 길게 품고 있지 않고, 한 주 안에 마음의 평안을 다시 찾았습니다.

이런 일들이 반복되면서 저와 아내가 반응했던 일이 있는데 더는 새로운 성도들이 와도 카톡방이나 밴드방을 만들지 않는 것이었습니다. 왜냐하면 성도와 가정이 떠나고 나면 남아 있는 성도들과 목회자에게도 큰 타격이었기 때문입니다. 하지만 시간이 흐르면서 조금씩 성도님들이 늘어나자 작은 카톡방을 만들었는데, 이것이 성도님들에게 큰 소속감을 느끼게 해 준 계기가 되었습니다. 그러면서 아내가 제게 해 준 이야기가 있습니다.

"여보, 우리의 역할이 이건가 봐요. 그들이 오면 방을 만들어 주고, 나가고 또 들어와도 또 만들어 주고, 여기에 온 사람들이 이곳에서 조금이라도 쉼을 누리고 주님을 만나고 위로를 받으면 그것으로 충분한 것 같아요."

맞습니다. 개척자의 마음은 갈대처럼 흔들릴 수 있고 허무함이 몰려올 수도 있지만 궁극적으로 우리는 뿌리가 깊은 나무가 되고, 쉴 만한 물가가 되어 어떤 성도가 잠깐 거쳐 가더라도 그들이 이곳에서 주님을 만나고, 누리고, 회복하여 다시 예수님을 향해 달려갈 수 있다면 그것으로 충분한 것입니다. 저희가 할 일이라면 허무한 그 마음을 달래고, 저희의 마음을 계속해서 예수로 가득 넘치게 채우는 것뿐입니다.

- 목회는 뿌리 깊은 나무, 쉴 만한 물가가 되어 주는 것이다.

- 만약 개척교회에 함께하는 성도와 가정이 떠나겠다고 하면 어떻게 하겠습니까?

12.
나에게 조력자가 있는가?

위대한 개척자는 홀로 탄생하지 않습니다. 사도 바울에게 디모데가 있었던 것처럼, 다윗에게 요나단이 있었던 것처럼, 위대한 개척자들에게는 숨은 조력자들이 있습니다. 개척하면서 마음이 무너지고 힘든 순간이 찾아옵니다. 그때 제 가장 가까이에 있어 준 사람은 바로 '아내'입니다. 어느 곳에 가든지 아내는 늘 저와 함께해 주었습니다.

아내는 저와 비교하면 상대적으로 이성적인 사람입니다. 그래서 어떤 현상을 보면 늘 잘못된 부분이 먼저 봅니다. 그것이 처음에는 힘들기도 했지만 잘못된 부분을 먼저 찾아주는 사람도 필요하다고 생각했습니다. 그래서 제 아내는 저에게 이성적인 조력자입니다. 제가 예배하기 전에 옷이 삐뚤어지면 옷매무새를 바르게 해 주는 아내입니다.

그리고 정신적 조력자도 있습니다. 저보다 형님이신 목사님인데 저와 함께 에스라성경대학원대학교에서 1년 동안 기숙사 생활을 하면서 성경을 연구하고, 함께 부교역자로 사역한 분입니다. 제가 개척을 하면서 마음이 어렵거나, '나는 지금 잘 가고 있나?'라고 고민할 때 늘 제게 "너무 잘 가고 있어! 너무 잘하고 있어! 훌륭해"라고 격려해 주는 정신적 조력자입니다.

마치 운동장에 축구선수가 지쳐 있을 때 코치가 달려와 "잘하고 있어! 좀 더 이쪽으로 움직여 봐! 할 수 있어!"라고 격려해 주면, 그 선수가 힘을 받고 골을 넣는 것처럼 개척자에게는 반드시 조력자가 필요합니다. 개척을 하는 시간을 돌아보면 개척자는 넘어질 수 있지만 조력자를 통해 다시 일어설 수 있는 큰 힘과 동력이 생깁니다.

마지막으로 기도의 조력자입니다. 전에 교회에서 부교역자로 사역할 때에는 저를 위해 기도해 주시는 성도님들이 계셨습니다. 그래서 저는 공예배 설교 전에 꼭 그 성도님들께 기도 요청을 드렸습니다. 그리고 기도의 힘은 실제 사역에 큰 역할을 했고, 많은 도움이 되었습니다. 그러나 개척을 하니 이제는 기도하는 성도님들이 눈앞에 보이지 않았습니다.

마치 개척을 하고 저 혼자 고군분투하며 영적전쟁을 하는 느낌이었습니다. 그래서 기도편지를 쓰기 시작했습니다. 단지 재정적인 후원만 받기 위해서 요청하는 것이 아니라, 정말로 개척교회를 위해 목회자를 위해 기도해달라는 간절한 부탁이었습니다. 그 기도의 힘을 입어 지금까지 개척의 길을 걸어왔다고 생각합니다. 그리고 시간이 흐르면서 저희 교회와 목회자를 위해 진심으로 기도해 주시는 분들이 점점 늘어나기 시작했습니다.

교회를 개척하고 1년 반이 지나서 전교인 여름 수련회를 갔습니다. 둘째 날 저녁에 기도회를 하는데 성도님들이 목회자인 저희 부부를 위해서 손을 얹고 기도해 주셨습니다. 그 시간에 어찌 그리

눈물이 나는지 '우리를 위해 이렇게 기도해 주시는 분들이 있구나. 외롭지 않구나'라는 생각이 들었습니다.

지금까지 지나온 시간을 돌아보면 교회 개척은 혼자서 할 수 없다는 것이 뼛속 깊이 느껴집니다. 제게 이성적인 조력자, 정신적인 조력자, 기도의 조력자가 있기 때문에 개척교회가 세워져 갈 수 있다고 생각합니다.

- 함께 걸어갈 수 있는 사람이 있다는 것은 하나님께서 당신에게 돕는 자를 보내주신 것이다.

CHECK

- 나의 조력자는 누구입니까?

PART 4

우리만의
교회를
원한다면

BRANDING

13.
위드처치(With Church)를 브랜딩하다

교회를 개척하기 위해 많은 분들을 만났습니다. 어느 날 '인권앤파트너스'를 세운 황인권 대표님을 만나러 갔습니다. 저희는 개척하기 전에 교회 이름을 '생수의 강이 흐르는 교회'라고 지으려고 마음의 결정을 한 상태였습니다. 그런데 대표님이 대화 중에 "목사님, 안 믿는 사람들이 '생수의 강이 흐르는 교회'라고 들으면 그 의미를 알까요?"라고 물었습니다. 머리를 망치로 얻어맞는 느낌이었습니다. 대표님은 안 믿는 사람들도 교회 이름을 듣고 기억할 수 있는 이름, 쉽게 기억에 남는 교회 이름을 지어 보면 어떻겠냐고 제안하셨습니다.

아내와 함께 만나고 많은 생각을 하고 돌아오는 길에 아내도 황인권 대표님의 말을 듣고 브레인스토밍(brainstorming)을 하고 있었던지, 돌아오는 차 안에서 조수석에 앉아 가볍게 툭 던지듯 말했습니다.

"여보, 그럼 위드처치 어때요? 우리가 예수님과 동행하는 교회니깐, 위드(With)라는 단어로 하는 건 어때요?"

저는 위드처치를 듣는 순간 '이거다!'라는 생각이 들었습니다. 황 대표님의 조언대로 안 믿는 사람들도 교회 이름을 듣고 기억할 수 있겠다고 확신이 들었습니다. 그렇게 '위드처치(With Church)'라는 이름이 탄생했습니다.

그리고 유튜브에 있는 교회 로고들을 찾아보았습니다. 그런데 눈에 확 들어오는 교회 로고는 찾기 어려웠습니다. 눈에 띄는 여러 유튜브 채널의 로고를 비교 분석하고, 그것을 활용해서 With Church의 첫 글자 'W'를 사용하여 눈에 확 들어오면서도 따뜻한 이미지의 주황색으로 교회 로고를 만들었습니다. 개척을 한 뒤 주변 사람들에게 "교회 이름을 너무 잘 지었다. 로고가 각인된다"라는 말을 감사하게 참 많이 들었습니다.

브랜딩(branding)은 사람들의 머리에 각인되는 것으로 시작됩니다. 사람들의 머릿속에 긍정적이고 신뢰를 주는 이미지를 심어 줄 때 그 브랜드에 의미와 가치를 부여하게 됩니다. 브랜딩이라는 단어가 교회에 쓰기에 불편할 수도 있습니다. 하지만 '브랜딩'이라고 해서 무엇을 파는 것만 이야기하는 것이 아닙니다. 결국 중요한 것은 사람들에게 "교회가 어떤 이미지로 각인되는가?"라는 것입니다.

우리가 운동복을 구입하려고 할 때 마음속에 나이키, 아이다스, 퓨마 등 각각의 브랜드 이미지를 떠올릴 수 있습니다. 교회도 결국 누군가에게 이미지로 남습니다. 비그리스도인도 '교회를 나가 볼까?'라는 생각을 할 때 자신에게 각인되었던 교회를 나가게 될 수 있습니다. 그래서 우리는 각 교회가 분명한 목회 철학과 비전을 가지고 교회를 브랜딩해야 한다고 생각합니다.

위드처치가 처음 브랜딩에 접근하게 된 것은 교회 이름과 로고를

정하는 것이었습니다. 브랜딩이라고 하는 것은 단순히 이름과 로고가 아닙니다. 문화와 세대를 읽는 눈도 필요합니다.

MZ세대는 1980년대 초반부터 2000년대 초반에 출생한 세대로 온라인과 최신 트렌드에 민감하고 새로운 것을 경험하고 추구하는 세대입니다. 2021년 11월 잡코리아에서 MZ세대들의 입사 1년 이내 퇴사율이 무려 37.5%가 된다는 통계가 나왔습니다.

이유는 MZ세대가 회사의 부조리를 경험하고 더 이상 비전이 없다고 생각되면 '아, 빨리 나가야겠다'라고 마음을 먹는다는 것입니다. 기성세대는 똑같은 상황에서 그런 생각을 품더라도 참고 기다린다면, MZ세대는 즉각적으로 반응하고 실행에 옮기는 세대입니다.

그런데 이것이 교회에도 동일하게 적용됩니다. '목회데이터연구소'의 지용근 대표는 기독 청년들이 교회를 떠나는 가장 큰 이유로 첫째가 교회 지도자들의 '권위주의적인 태도'를 꼽았고 둘째가 '시대의 흐름을 좇아가지 못하는 고리타분함'이라고 말했습니다.

기성교회는 MZ세대를 보며 큰 충격에 휩싸입니다. 그러나 이제 금방 또 다른 알파세대가 찾아옵니다. 이들은 2010년부터 2024년까지 태어난 이들을 지칭하며 어려서부터 인터넷과 스마트 기기의 시스템 등을 빨리 습득한 세대입니다. 그래서 알파세대는 쌍방이 아닌 일방적인 소통을 많이 하고 개인주의가 더 극대화될 확률이 높습니다. 저에게 아들 둘이 있는데 이들이 바로 알파세대입니다.

기성세대는 전화기, 삐삐, 핸드폰을 거쳐 왔고, MZ세대는 중고등학생, 늦으면 대학교 입학 때 핸드폰을 가졌습니다. 그러나 알파세대는 초등학교 1학년이면 개인 핸드폰이 생기고, 부모님 핸드폰 또는 공기계를 통해 3살 때부터 온라인을 접한 세대입니다. 급속도로 변하는 세대 앞에 교회는 무조건 "그것은 잘못됐어!"라고 말하는 것이 아니라, 그들의 문화를 이해하고 공감하며 동시에 그들의 문화의 모순을 끄집어낼 줄 알아야 합니다.

이렇듯 지금 시대에 개척하는 교회는 MZ세대와 알파세대를 이해하려고 노력하는 태도가 필요합니다. 그래서 세대를 이해하고 문화를 이해해서 떠나는 젊은이들을 돌아오게 할 교회를 브랜딩해야 할 필요가 있습니다. 그렇다면 먼저 현재 당면한 교회의 문제에서 해결점을 찾아볼 수 있습니다.

우리는 젊은 세대가 교회와 지도자를 향해 실망하는 이유, 교회를 떠나는 이유를 직면하고 새로운 교회는 어떻게 진리 위에 세워져야 하는지 고민해야 합니다. 어떻게 보면 한국 교회는 과도기와 같은 시기라고 생각합니다. 기성교회의 세대교체와 더불어 저와 같은 젊은 목회자들이 새로운 교회의 형태에 도전하고 시작합니다. 그렇기 때문에 교회를 개척하는 사람에게 진리와 문화를 구분할 수 있는 분명한 눈이 필요합니다. 문화는 그것이 죄가 아니라면 부드럽고 유연하게 바뀔 수 있습니다. 그러나 동시에 불변하는 진리에 대해서는 타협하지 않는 믿음 또한 필요합니다.

그래서 저희가 위드처치(With Church)를 개척하면서 도전했던 새로운 시도가 있었습니다.

첫 번째는, '탈권위주의'적 교회로 위드처치를 브랜딩하는 것입니다. 항상 교회에서 입던 정장을 내려놓고, 여름에는 반팔 티셔츠와

청바지를 입고 설교했습니다. 가을이면 후드티를 입고 설교했습니다. 그렇게 개척했을 때 제게 가장 많이 연락이 온 것은 어른 목사님들이었습니다.

"장 목사, 옷 그렇게 입으면 안 돼."

저는 문화와 진리를 구분할 수 있어야 한다고 생각했습니다. 인도네시아에 가서 주일예배를 드리는데 한국 선교사님은 수염을 기르고 인도네시아 스타일의 반팔 셔츠를 입고 설교하셨습니다. 인도네시아에서는 한국에서 입는 정장을 입고 설교하지 않았습니다. 왜냐하면 그것은 진리의 영역이 아니라 '문화'의 영역이기 때문입니다.

위드처치는 탈권위주의로 목회자들에게 있는 권위적인 모습을 최대한 내려놓고 싶었습니다. 제게도 이 부분이 쉽지 않았습니다. 처음 장소를 대여한 곳이 '카페'인데 설교하는 뒷배경에는 남녀가 키스하는 이미지가 걸려 있었습니다. 처음에는 그것을 떼고 세계지도 현수막을 달려고 했습니다. 그러나 그 카페 공간만의 문화를 유지하고 싶었습니다. 그리고 그 문화 속에 들어가 복음을 선명하게 전하고 싶었습니다.

흥미로운 것은 젊은 세대는 그 이미지를 보고 아무렇지 않아 했습니다. 아니 신경도 쓰지 않았습니다. 그런데 어른 목사님들은 제게 다시 연락을 해 이렇게 말씀하셨습니다.

"장 목사, 그런 이미지는 치우고 예배해야 해."

그러나 문화만 탈권위주의가 아니라 제 마음도 탈권위주의가 되고 싶었습니다. 목사라고 높은 자리에서 성도들에게 대접받는 것에 익숙해지는 것이 두려웠습니다. 목사의 위치에서 대접받으려는 태도를 버리고 성도와 함께 같은 자리에서 교제하고 섬겼습니다. 제 안에 숨어 있는 권위적인 모습이 사라지고 섬김을 삶으로 사는 예수님의 '권위'를 닮고 싶었습니다.

두 번째는, '설교의 질'이 높은 교회로 브랜딩하는 것입니다. 한 목사님은 개척하신지 30년 되었는데 월요일부터 토요일까지 새벽예배 설교, 금요기도회 설교, 주일예배 오전과 오후 설교, 총 9번의 설교를 합니다. 이렇게 한 달이면 약 36번의 설교를 하는 것입니다. 그리고 30년이면 약 1만 3천 번의 설교를 하는 것입니다.

저는 그렇게 할 자신이 없었습니다. 그렇게 하고 싶지도 않았습니다. 대형 교회의 목사님들은 주로 주일예배 한 번의 설교를 준비합니다. 그런데 저는 개척교회 목사로 일주일에 9번의 설교를 준비한다면, 준비하다가 1년도 안 되어 지치고 성도들도 개척교회의 설교를 듣는 것이 아니라 대형교회의 한 번의 설교를 들을 것이라는 생각이 들었습니다.

저는 개척교회지만 정말 잘 준비된 한 번의 설교를 하고 싶었습니다. 주일예배 한 번의 설교를 위해서 일주일 동안 집중해서 설교 준비를 했습니다. 설교문만 준비한 것이 아니라 한 주 동안 치열하게 제가 먼저 살아보고 성도들에게 전하겠다는 심정으로 전했습니다.

개척교회라 할지라도 성도들은 그 목사님의 설교를 듣고 교회를 오겠다는 결정을 합니다. 한 성도님은 위드처치로 오기까지 1년 동안 설교를 꾸준히 월요일마다 듣고 결정하셨습니다. 개척교회일 수록 주일 설교에 모든 에너지를 쏟아 마지막처럼 최고의 설교를 해야 한다고 생각했습니다. 그렇다고 개척교회가 수많은 사람 앞에서 설교하듯이 대형 교회를 따라하자는 것은 아닙니다.

적은 성도들에게라도 정말 깊이 있는 설교를 삶으로 통과해서 설교한다면 개척교회 성도들은 '이 말씀은 내 친구가 꼭 들었으면 좋겠다'라고 생각하며 전달해 줍니다. 온라인으로도 설교를 듣고 찾아옵니다. 말 그대로 입소문이 나는 것입니다.

대형 교회는 설교를 듣는 대상의 폭이 넓기 때문에 설교의 스펙트럼이 넓을 수밖에 없습니다. 그러나 개척교회는 오히려 쉽지만 깊이 있는 설교, 구속사적 설교, 그리스도 적용적 설교를 풍성하게 할 수 있습니다. 왜냐하면 매주 성도들과 깊은 교제를 하며 성도들의 삶과 고충, 고민과 어려움을 생생하게 들을 수 있기 때문입니다.

세 번째는, 식탁 교제입니다. 목회데이터연구소의 지용근 대표는 코로나가 와도 흔들리지 않았던 교회들이 있었는데 바로 '소그룹'

을 잘하는 교회라고 이야기하셨습니다.

개척교회의 가장 큰 장점은 함께 식사하며 교제할 수 있는 것입니다. 저희는 주일마다 예배가 끝나면 식탁 교제를 합니다. 정말 풍성한 식탁 교제를 누릴 수 있습니다. 식사가 끝나고 커피를 마시러 가면 함께 기도제목을 나누고 한 주간의 삶을 나누며 말씀을 듣고 와 닿았던 부분을 나눕니다.

그뿐만 아니라 새로운 청년이나 가정이 교회에 찾아오면 모두가 환영하는 분위기를 조성합니다. 매주 질문 카드로 아이스 브레이킹(ice breaking) 하는 시간을 보냅니다. 성도들의 삶의 깊은 고민과 기도제목을 듣고, 말씀을 듣고 그것에 대한 고민과 질의응답 시간을 가지다 보면 2시간가량이 훌쩍 지나갑니다. 그리고 성도들의 삶을 들으며 하나님을 향한 질문과 고민, 삶의 고통을 들을 수 있어서 설교도 성도들에게 훨씬 와 닿는 설교를 할 수 있습니다.

교회를 브랜딩하는 것은 개척교회의 필수입니다.

- 사람들에게 어떤 교회로 인식되고 싶은지, 어떻게 브랜딩해야 할지 생각해야 한다.

- 어떤 교회를 세우고 싶은가요?

14.
신학적 비전을 가지고 브랜딩하다

『팀 켈러의 센터처치』(Center Church)라는 책에서는 '신학적 비전'을 이야기합니다. 먼저 '신학'이라는 것은 성경의 가르침을 따라 하나님에 대해서, 하나님과 인간에 대한 가르치는 교훈을 확립하는 것을 의미합니다. 그리고 '비전'이라는 것은 모든 교회가 다 똑같을 수 없는 것과 같이, 하나님께서 각 교회의 목회자들과 지도자들에게 주시는 독특한 목회 철학을 의미합니다.

즉, 신학적 비전이란 성경의 가르치는 신학과 각 개교회에게 주어지는 비전이 합쳐진 것이라고 볼 수 있습니다. 신학과 비전이 반드시 공존해야 하는 이유가 무엇일까요? 신학만 강조하면 교회가 건

조하고 경직될 수 있고, 반대로 비전만 강조하면 성경이 가르치고 있는 신학, 교회론이 무너질 수 있기 때문입니다.

저희 교회 위드처치(With Church)는 크게 세 가지의 신학적 비전을 가지고 있습니다. 저는 이 신학적 비전을 갖고 교회를 브랜딩하는 것을 그 무엇보다 먼저 하였습니다. 앞서 언급한 것들은 신학적 비전이 갖춰진 이후에 브랜딩한 것이라고 해도 과언이 아닙니다.

첫째는 교회의 주인이 예수님이라는 것입니다(마 16:18).

> 또 내가 네게 이르노니 너는 베드로라 내가 이 반석 위에 내 교회를 세
> 우리니 음부의 권세가 이기지 못하리라(마태복음 16:18)

교회의 주인이 예수님이라는 것은 너무 뻔한 이야기입니다. 그러나 머리로 아는 것과 진정으로 교회의 주인이 예수님이심을 인정하는 것과는 분명히 차이가 있습니다. 목회하면서 수없이 예수님이 우리의 주가 되심을 설교했습니다. 그러나 제 삶이 정말 그러한가를 끊임없이 질문하게 됩니다. 교회를 개척하게 되면 제 자신이

교회의 주인이 되어 버릴 수 있기 때문입니다. 개척 초기부터 예수님이 진정 주인 되는 목회를 하기를 훈련받으며, 예수님이 교회의 머리 된 것이 변질되지 않기 위해서 끊임없이 앞서 가신 선배 목회자 분들을 만나며 조언을 듣고 목회에 적용하기도 합니다.

둘째는 생수의 강이 흐르는 교회입니다(사 58:11-12).

> 여호와가 너를 항상 인도하여 메마른 곳에서도 네 영혼을 만족하게 하며 네 뼈를 견고하게 하리니 너는 물 댄 동산 같겠고 물이 끊어지지 아니하는 샘 같을 것이라 네게서 날 자들이 오래 황폐된 곳들을 다시 세울 것이며 너는 역대의 파괴된 기초를 쌓으리니 너를 일컬어 무너진 데를 보수하는 자라 할 것이며 길을 수축하여 거할 곳이 되게 하는 자라 하리라(이사야 58:11-12)

제가 처음 목회자로 부름을 받는 시간이 있었습니다. 그때 주셨던 말씀이 이사야 58장 11-12절 말씀입니다. 그리고 교회를 개척할 때 저희 교회와 가정에 다시 주신 약속의 말씀입니다. 교회가 개척되고 특별히 예배를 통해 지역과 가정이 하나님의 임재로 흘러넘치는 것이 위드처치의 비전과 사명입니다. 저희는 예배를 통해 개인과 가정과 지역이 회복되기를 기도하고 있습니다. 또 이렇게 회복된 사람들이 각자의 자리에서 무너진 영역을 다시 보수하고 길을 수축(修築)하는 자들이 되기를 소원합니다.

그런데 놀라운 것은 교회를 개척하고 3년 차로 들어설 때 우리의 부르심이 바로 '무너진 가정'이라는 것을 깊이 깨닫기 시작했습니다. 부부 사이에 갈등이 굉장히 심한 부부들이 많아지고, 헤어지는 위기까지 있는 부부들이 있었습니다. 아프고 고통스러워하는 부부들을 위해 우리가 해 줄 수 있는 것은 눈물의 기도뿐이었습니다. 그런데 그 가정들이 위드처치에 오면서 남편이 아내를 향해 섬기기 시작하고 아내가 남편을 존경하기 시작할 때, 부부의 얼굴이 환해지기 시작하고 자녀들이 안정감을 가지고 행복해하기 시작했습니다.

마지막 세 번째는 예수님과 동행하는 교회입니다(히 12:2).

믿음의 주요 또 온전하게 하시는 이인 예수를 바라보자 그는 그 앞에 제 목회 철학에 큰 영향을 주신 두 분이 계시는데 한 분은 유기성 목사님이고 다른 한 분은 팀 켈러 목사님입니다.

저는 청년 시절 은밀한 죄에 넘어지는 것이 너무나 고통스러웠습니다. 심지어 결혼하고 전도사가 되었는데도 죄에 넘어진 적이 있습니다. 그래서 더 이상 목회자의 길을 갈 수 없다고 생각하고 포기하려고 했을 때 만난 분이 유기성 목사님입니다. 유기성 목사님은 히브리서 12장 2절 말씀을 근거로 예수님과 24시간 동행하는 것에 대한 성경의 말씀을 확신하시고 평생 사람들의 믿음의 눈이 열리기를 설교하시고 목회하셨습니다.

저도 '과연 24시간 예수님을 바라보는 것이 정말 성경이 말하고 있는 것인가?'를 연구하고 M.div. 논문으로 '하나님과 동행함'에 대해 썼습니다. 그리고 저는 '아, 성경이 분명하게 24시간 주님과 동행함을 말씀하고 있구나!'라는 신학적인 확신을 가지고 제 삶에 실제적인 예수님과 친밀한 동행을 하는 믿음의 실험을 하게 됐습니다. 그리고 정말 죄에서 승리하는 것을 경험했습니다. '예수님으로 정말 습관적인 죄에서 승리할 수 있구나! 그것도 반드시 승리할 수 있구나!'라고 확신하게 되었습니다(요일 3:6).

그래서 저희 교회가 항상 외치는 비전 선언문이 있습니다.

"우리는 예수님과 동행하는 교회입니다"

저희는 매 주일 비전 선언문을 외칩니다. 그리고 예배가 끝나고 파송 선언문으로 "나는 예수님과 동행하는 선교사입니다"라고 외치고 세상 속의 선교사로 파송합니다. 예수님과 동행하는 교회는 어떤 교회일까요? 정말 세상 사람들이 성도 한 명 한 명을 보고 '예수님'을 보게 되는 교회가 되기를 바라는 모습입니다.

제가 왜 이렇게 위드처치의 신학적 비전을 장황하게 설명할까요? 개척을 하고 '내가 개척을 잘한 게 맞는가?'라는 고민이 드는 순간이 수도 없이 많이 찾아옵니다. 그때마다 저를 붙잡아 준 것은 '신학적 비전'이었습니다. 하나님께서 저를 개척자로 부르신 분명한 소명이 있는데 이 세 가지 약속의 말씀입니다(마 16:18; 사 58:11-12; 히 12:2).

마음이 흔들릴 때마다 이 약속의 말씀들을 암송하며 다시 기도할 때 주님은 제게 "내 교회는 네가 아니라 내가 세우는 거야!(마 16:18) 너를 통해 물 댄 동산같이 생수의 강이 흘러가고 너를 통해 예수의 제자들이 무너진 것들을 다시 세울 거야!(사 58:11-12) 너는 오직 나만 계속해서 바라봐라!(히 12:2)"라는 마음을 주십니다.

개척하는 분들에게 전해 드릴 수 있는 비결은 바로 나와 우리 교회를 향한 '신학적 비전을 갖추는 것'입니다. 하나님께서 우리 각자에게 주어지는 신학적 비전을 가지고 교회를 세워갈 때 하나님께서 각 교회의 독특한 은혜와 인도하심을 주실 거라 확신합니다.

- 개척자는 하나님께서 주신 분명한 신학적 비전으로 브랜딩하는 것을 가장 최우선으로 한다.

- 분명한 신학적 비전이 있습니까?

15.
책을 통해 브랜딩하다

웨이처치를 섬기는 송준기 목사님은 개척을 준비하는 제게 한 가지를 권면해 주셨습니다.

"목사님, 꼭 책을 쓰세요. 저 같은 목회자도 책을 썼습니다."

저는 송준기 목사님의 말 덕분에 세 권의 책을 쓰게 됐습니다. 혹자는 이야기합니다. "교회가 무슨 브랜딩을 말하는가?" 그러나 현대의 브랜드는 다릅니다. 각각의 종교도 브랜드가 될 수 있습니다.

『오늘부터 나는 브랜드가 되기로 했다』의 저자 김키미는 마케팅과 브랜딩의 차이를 다음과 같이 설명했습니다.

> "마케팅은 타인에게 '저는 좋은 사람입니다'라고 말하는 것이다. 브랜
> 딩은 타인으로부터 '당신은 좋은 사람이군요'라는 말을 듣는 것이다"
>
> _ 김키미, 「오늘부터 나는 브랜드가 되기로 했다」, 웨일북, p.33, 2021.

저는 학부 때 경영학을 전공했습니다. 그래서 마케팅을 좋아하고 마케팅에 관심도 많았습니다. 제 첫 번째 책 『죄에 좌절한 이 시대 청년들에게』를 출판할 때도 저는 열심히 마케팅을 했습니다. 효과는 좋았습니다. 그러나 마케팅은 김키미의 말대로 "우리는 좋은 교회입니다. 이것은 좋은 책입니다"라고 외치는 것입니다. 그러나 제가 닮고 싶은 교회 또 존경하는 목회자는 "여기는 좋은 교회네요. 당신은 좋은 목회자입니다"라는 말을 듣습니다.

제가 첫 번째 책을 출간했을 때 유기성 목사님께서 SNS를 통해 책을 소개해 주시고, 감사하게도 주일 설교 때 적용 부분으로 제 책을 소개해 주셨습니다. 그리고 청년들과 성도들이 책을 읽고 자신이 끊임없이 고민했던 죄에 대한 문제 해결의 열쇠를 찾았다고

SNS에 책 리뷰를 올려 주었습니다.

두 번째 책은 저와 아내가 함께 집필한 『결혼생활, 나만 힘들어?』라는 책입니다. 생각보다 교회는 다니지만 부부 사이가 어려운 가정들을 많이 보게 됐습니다. 부부 사이에서 관계의 어려움을 느끼는 가정에게 도움이 될 수 있었습니다. 그리고 이 책들을 통해 저희 교회에 찾아오시는 성도와 가정을 볼 수 있었습니다. 저는 '이것이 책을 통한 브랜딩이구나!'라는 생각이 들었습니다. 개척교회에 있어 마케팅과 브랜딩은 둘 다 중요하다고 생각합니다.

책을 통해 꼭 이루고 싶은 두 가지 목적이 있었습니다. 첫째로 개척교회를 세우는 것입니다. 한 목사님께서 개척하시고 금방 교회가 자립했는데 그분은 자신의 책으로 인해 교회가 알려지고 자립하게 됐다고 말씀하셨습니다. 저는 그분이 참 솔직하게 고백해 주신 거라고 생각합니다. 두 번째는 책을 통해 성도와 목회자를 돕는 것입니다. 책은 제가 닿을 수 없는 물리적 한계를 뛰어넘어 사람의 필요를 돕습니다. 그리고 제가 책을 통해 더 궁극적으로 바라는 목표가 있는데, 그것은 책을 집필하는 사역을 통해 진실로 그리스도를 높이는 것입니다.

처음에는 어렵다고 생각할 수도 있겠지만, 저는 정말 부족한 사람입니다. 저와 같은 사람도 책을 냈으니 꼭 용기를 내서 도전해 보시길 권합니다. 첫 번째 책은 투고를 통해, 두 번째 책은 주변의 추천을 통해 출간하게 되었습니다. 책을 내려고 생각하면 주변에 돕는 사람들의 손길이 닿을 것입니다. 먼저는 본인이 하고 싶은 영역의 원고를 전부 작성한 다음 책으로 출간될 수 있도록 다양한 전략을 짜시길 권합니다.

꼭 책이 아니더라도 교회를 알릴 수 있는 자신만의 무기를 찾아보시기를 추천합니다. 다윗의 '물맷돌'처럼 개척교회 목회자의 장점은 하고자 하는 것을 바로 도전할 수 있다는 것입니다. 할 수 있는 한 개척교회를 알릴 수 있는 방법을 찾아 도전해 보시길 강력히 추천합니다.

• 개척자에게는 자신만의 '물맷돌'이 필요하다.

• 개척을 하면서 남들과 다른 차별화된 무기가 있습니까?

16.
온라인으로 브랜딩하다

참고로 저는 기계치입니다. 컴퓨터도 잘 다루지 못하는데, 예배를 온라인으로 송출한다고 익숙하지 않은 기계를 만지면서 참 많은 스트레스를 받았습니다. 이전에 부교역자로 사역할 때는 기계를 잘 다루는 간사님이나 집사님들이 늘 계셔서 기계를 알지 못해도 상관없었지만, 개척교회 목사는 모르는 것부터 아는 것까지 혼자 다 해내야 합니다. 감사하게도 주변에 도와주시는 분들이 많이 계셔서, 끈질기게 물어보고 배워서 온라인 송출하는 것까지 완전하게 제 것으로 만들어 낼 수 있었습니다.

옛날에는 교회를 알리는 오프라인 전도와 현수막이 중요했습니다. 지금도 역시 중요한 부분이긴 하지만, 오늘날 젊은 세대에게는 SNS와 동영상 플랫폼을 통한 접근법이 훨씬 용이합니다. 교회도 그렇다고 생각합니다.

제가 개척을 한 후 성도님이나 목사님들이 위드처치에 방문해서 가장 많이 하신 말씀이 "목사님, 이곳을 드디어 와 보는군요!"라는 말이었습니다. 무슨 뜻입니까? SNS와 동영상 플랫폼으로 많이 봐 왔다는 뜻입니다.

한번은 개척할 때 분당우리교회 게시판에 위드처치가 개척한다는 글을 올렸습니다. 그리고 정확히 1년 2개월이 지났는데 한 성도님 께 연락이 왔습니다.

> "목사님, 안녕하세요. 저는 OOO 집사입니다. 사실 목사님께서 분당우 리교회 게시판에 올리신 개척하신다는 소식을 듣고 그때부터 기도했 습니다. 그리고 기도하는 중에 계속 마음의 감동이 있어 위드처치에 등 록을 하고 싶어 연락을 드렸습니다."

물론 하나님께서 그 성도님의 마음에 감동을 주셔서 위드처치에 오시게 됐습니다. 그러나 그 통로가 온라인으로 꾸준히 브랜딩한 것의 열매라고 생각합니다. 그래서 온라인 사역을 잘하시는 개척 교회 젊은 목사님들의 사역을 많이 벤치마킹해서 위드처치만의 스타일로 교회를 알리고 계속해서 홍보를 해 오고 있습니다.

어느 날 한 청년이 제게 "목사님, 블로그를 한번 해 보세요!"라고 이야기했습니다. 제가 글을 쓰니까 제가 쓰는 글들을 계속 블로그에 올리면 위드처치가 많은 사람들에게 알려질 수 있다는 것입니다. 저는 매일 블로그에 짧게 글을 올리기 시작했습니다. 그리고 유튜브, 인스타, 페이스북 등 모든 온라인을 총동원해서 블로그를 홍보하니 사람들이 들어와서 글을 읽기 시작했습니다. 블로그를 통해 지역 사회에 교회를 알리는 계기가 되었습니다. 그래서 지역에 있는 성도들뿐 아니라 다른 지역에 있는 성도도 위드처치에 오는 계기가 되었습니다. 저는 개척교회라면 더더욱 오프라인뿐만 아니라 온라인도 적극적으로 활용해서 알려야 한다고 생각합니다.

코로나가 확산되면서 많은 교회가 위기를 겪었습니다. 말 그대로 공황 상태가 되었습니다. 왜냐하면 한 번도 상상해 본 적도, 경험해 본 적도 없는 상황이 왔기 때문입니다. 코로나가 한창일 때 개척을 계획하고 시작했습니다. 주변의 많은 사람들은 이런 상황이 무모하다고 했지만 저는 이 상황이 오히려 '기회'라고 생각했습니다. 왜냐하면 코로나로 인해 사역의 방향이 '온라인'으로 급속히 바뀌었기 때문입니다. 교회를 다니는 사람도, 상처를 받고 교회를 떠난 성도도, 코로나로 교회에서 붕 떠 있는 성도도, 어렸을 때 교회를 나왔다가 다니지 않는 사람도 모두 온라인을 통해서 '위드처치'에 들어올 수 있는 기회가 생겼기 때문입니다.

적든 많든 '한 사람'이라도 눈여겨보고 듣고 주시한다면 언제든 위드처치로 올 수 있는 기회가 열리는 것이라고 생각했습니다. 그리고 실제로 성도님들이 오랫동안 SNS나 유튜브를 통해 교회를 지켜보고 설교를 듣다가 교회를 찾아오고 있습니다. 저는 온라인 사역이 지금 시대에 개척교회가 시도할 수 있는, 한 영혼을 위한 아주 적극적인 전도 방법 중 하나라고 생각합니다.

- 사도 바울 당시 로마의 도로가 복음 전파의 길이 되었다면, 우리 시대의 전도의 도로는 바로 '온라인'이다.

- 개척 후 전도에 대한 계획은 어떻게 세우고 있습니까?

PART 5

개척교회의 설교는 '더' 중요하다

PREACHING

17.
찾아서 듣고 싶은 설교자

책 원고를 쓰고 한 목사님께 미리 보여줬습니다. 그런데 그 목사님이 제게 개척에 대한 책인데 왜 설교에 대한 내용을 넣었는지 물어보았습니다. 저는 이렇게 대답했습니다.

"저는 개척에 있어 가장 중요한 핵심적인 사역이 바로 '설교'라고 생각하기 때문입니다."

그 목사님은 "그러면 꼭 써야지"라고 대답해 주었습니다.

〈미쉐린 가이드〉(The Michelin Guide)의 미쉐린 스타 기준이 있습니다.

1 스타: 요리가 훌륭한 레스토랑

2 스타: 요리가 훌륭하여 '찾아갈 만한' 가치가 있는 레스토랑

3 스타: 요리가 매우 훌륭하여 '특별히 여행을 떠날 가치'가 있는 레스
        토랑

저는 미쉐린 가이드를 보면서 교회와 설교자에게 적용을 해 봤습니다.

첫째 설교가 훌륭한 교회, 둘째 설교가 훌륭하여 '찾아갈 만한' 교회, 셋째 설교가 매우 훌륭하여 '특별히 함께할 가치'가 있는 교회.

제가 청년 시절 목회자의 부르심을 받았을 때 가장 큰 관심은 '설교자'였습니다. 특별히 부목사님들 중에 '들리는 설교'를 하시는 분들이 있었습니다. 논리적으로 설교하시는 목사님, 말씀을 잘 풀어 주시는 목사님, 마음에 와 닿게 설교하시는 목사님. 그래서 저도 '들리는 설교자'가 되고 싶었습니다. 그런데 나중에는 더 나아가 '찾아서 듣고 싶은 설교자'가 되고 싶었습니다. '들리는 설교자'와 '찾아서 듣고 싶은 설교자'는 다릅니다. 들리는 설교자는 내가

교회에 나가면 들을 수밖에 없는 상황입니다. 잘 들리는 부목사님의 설교는 듣는 성도의 입장에서 참 좋습니다. 그러나 들리는 설교를 하는 부목사님이 다른 교회에 간다고 해서 제가 '찾아서' 듣고 싶은 설교자는 아니었습니다.

찾아서 듣고 싶은 설교자는 말 그대로 직접 찾아서 듣고 싶은 설교자입니다. 온라인으로 직접 찾아서, 또는 현장에 찾아가서 말씀을 듣는 것입니다. 저도 제가 다니는 교회가 아니었는데, 그 목사님의 말씀을 듣고 싶고 마음에 사모하여 시간을 내서 주중 예배 때 찾아가서 말씀을 듣고 예배를 드렸던 기억이 있습니다.

여러분은 찾아서 듣고 싶은 설교자가 누가 있습니까? 저에게는 '유기성 목사님'이 찾아서 듣고 싶은 설교자입니다. 찾아서 듣고 싶은 설교자는 어떤 사람일까요?

첫 번째, 찾아서 듣고 싶은 설교자는 분명한 '목회 철학'이 있습니다. 다르게 표현하면 '신학적 비전'이 분명하다는 것입니다.

유기성 목사님 하면 무엇이 떠오르십니까? '예수님을 24시간 바라보라!'(히 12:2)입니다.

어떤 목사님의 설교를 수십 년 들었지만 어떤 단어도 떠올려지지 않는 사람이 있습니다. 이유는 목회 철학이 분명하지 않기 때문입니다. 목회 철학이 분명한 또 한 사람, 사도 바울이 있습니다. 사도 바울은 구약성경 39권을 설교하면서 동시에 단 한 가지만 설교했습니다. 그것은 바로 '예수'입니다. 사도 바울은 구약성경 어디를 펼쳐도 '예수와 예수의 사건'으로 설교했고, 그것이 그의 목회 철학이요 신학적 비전이었습니다.

내가 너희 중에서 '예수 그리스도'와 '그가 십자가에 못 박히신 것' 외에는 아무것도 알지 아니하기로 작정하였음이라(고린도전서 2:2)

영국의 최고의 설교자였던 찰스 스펄전(Charles Spurgeon)은 "모든 설교는 듣는 사람 모두가 그리스도를 볼 수 있도록 그분을 높여야 한다는 것을 추호도 양보하지 않는다."라고 말했습니다. 즉, 스펄전은 '내가 이렇게 설교를 잘해! 이런 설교 들어봤어?'라는 자기를 높이는 태도가 아니라 그리스도를 높이고, 그리스도의 영광을 드러낸 설교자였습니다.

우리는 지금 자신의 설교를 듣고 있는 성도들을 향해 물어봐야 합니다. "나의 설교를 들으면 어떤 단어가 떠오릅니까?"라고 말입니다. 만약 성도가 우리의 설교를 한 단어 혹은 한 문장으로 설명할 수 있다면 우리의 목회 철학은 분명한 것입니다. 그러나 그렇지 않다면 수십 년을 들어도 그 성도에게는 한 단어도 남지 않는 설교일 수 있습니다.

두 번째, 찾아서 듣고 싶은 설교자는 설교를 삶으로 살아냅니다. 사람들은 무의식적으로 우리가 존경할 만한 사람인지 판단할 증거들을 수집합니다. 설교자의 말과 인격이 일치하는지 그 진실함을 성도들은 다 감지합니다.

고려신학대학원에서 역사학을 가르치시는 이성호 교수님의 『설교는 생각보다 쉽게 늘지 않는다』라는 책이 있습니다. 한 전도사님이 설교 실습으로 "항상 기뻐하라!"라는 설교를 했습니다. 설교 실습이 끝나고 교수님은 "전도사님, 그래서 전도사님은 지금 기쁘십니까?"라고 질문했습니다. 그러자 그 전도사님은 "아니요"라고 대답했습니다. 설교자가 먼저 자신에게 말씀을 적용해 보지 않은 것입니다. 그럴 때 성도들은 그 설교가 '뜬구름' 같다고 생각합니다. 저도 그 책을 읽으며 제 설교를 돌아보았습니다. 돌아오는 주일에 할 설교는 "예수님이 우리의 진정한 왕이십니다!"라는 내용이었습니다. 마치 책 속에서 이성호 교수님이 제 설교를 다 듣고 저에게 질문하시는 것 같았습니다.

"장산하 목사님, 설교 잘 들었습니다. 그런데 목사님은 한 주 동안 예수님을 진정 왕으로 모시고 사셨습니까?"

저는 충격으로 인해 온몸이 얼어붙는 것 같았습니다. 저의 대답은 "아니요 교수님"이었습니다. 저는 전도사 시절부터 설교하면 가장 먼저 제 자신에게 끊임없이 적용했습니다. 그런데 어느 순간부터 설교를 준비하고 강단에서 외치지만 가장 먼저 적용해야 할 제 자신에게는 하지 않는 모습을 발견했습니다. 제 자신이 예수님을 진정 왕으로 모시지 않고 살았다면, 성도들도 예수님을 왕으로 모시지 않고 살 것입니다. 제 자신이 복음으로 먼저 변화되지 않는다면, 성도들도 변화되지 않을 것입니다.

두렵고 떨리는 마음으로 설교를 자신에게 가장 먼저 적용해야 한다는 생각이 들었습니다. 주일예배가 끝나고 성도님이 제게 "장산하 목사님, 목사님은 한 주 동안 진정 예수님을 왕으로 모시고 사셨나요?"라고 물으실 때 "네 성도님, 한 주 동안 치열하게 예수님을 진정 왕으로 모시는 것이 무엇일까 씨름하며 살아보았습니다"라고 대답하는 설교자가 되고 싶습니다.

제가 전도사 시절에 선한목자교회에서 제자훈련 오리엔테이션이 있어 찾아갔습니다. 그때 오리엔테이션 강의를 하시는 유기성 목사님을 만났습니다. 유기성 목사님의 말씀을 들을 때 예수님의 임재가 강력하게 느껴졌습니다. 제가 화장실을 갈 때도 예수님이 생각났습니다. 오리엔테이션이 끝나고 집으로 가는 길에도 마치 조수석에 예수님이 앉아 계시는 것처럼 임재를 경험했습니다. 제가 선한목자교회를 찾아간 순간부터 주님이 저와 '함께' 계셨을까요? 아닙니다. 그전에도 주님은 저와 함께하셨고, 그 순간에도 주님은 저와 함께하셨고, 책을 쓰고 있는 지금 이 순간에도 주님은 저와 함께하십니다. 설교를 삶으로 사는 설교자와 함께하니 그로 인해 저의 믿음의 눈이 열려 주님이 함께하심이 분명하게 믿어진 것입니다. 어떻게 이런 일이 일어났겠습니까? 유기성 목사님은 주님과 동행하는 삶을 실제로 사신 겁니다.

혹자는 제게 물을 겁니다. "그럼 당신은 찾아서 듣고 싶은 설교자입니까?"라고 말입니다. 저는 이렇게 대답할 것입니다. "물론 아닙니다. 그러나 찾아서 듣고 싶은 설교자가 되고 싶습니다. 설교를 삶으로 살아내는 설교자가 되고 싶습니다. 성도의 마음에 예수님을 남기는 설교자가 되고 싶습니다"라고 말입니다.

설교자로서 제 소원은 단 하나입니다. 성도가 말씀을 듣고 집으로 돌아가면서 '그렇지, 내 마음에 예수님이 계시지. 그것이면 충분해'라고 고백하는 것입니다. 설교자는 사라지고 그 속에 예수 그리스도를 바라보는 눈이 열린다면 저는 세상에서 가장 행복한 설교자일 것입니다.

- 설교가 끝나고 집으로 돌아가는 성도의 마음에 '그리스도'만 남는 다면 그는 최고의 설교자다.

- 설교를 '삶으로' 살고 있습니까?

18.
나의 설교는 논리적인가?

여러 교회를 탐방하고 계시는 한 사모님과의 만남에서, 설교에 대한 이야기를 나누었습니다. 사모님께서 많은 교회의 설교를 들어보면서 가장 기초가 되고 중요한 것이 무엇인지 나눠 주셨는데 제 마음에 큰 동의가 되었습니다. 그것은 바로 이것입니다.

"설교가 논리적인가?"

사모님은 많은 교회를 탐방하고 설교를 들으면서 의외로 논리적이지 않은 설교가 아주 많다는 것에 놀라셨다고 합니다.

옛날에는 목사님들의 설교가 비논리적이어도 부흥을 외치면서 "믿습니까?"하면 성도들은 "아멘"으로 화답했습니다. 그러나 지금은 그렇지 않습니다.

생각보다 많은 목회자가 '나는 설교를 잘한다'라고 착각합니다. 저도 제가 설교를 잘한다고 착각했습니다. 왜냐하면 부교역자 때 설교를 하면 성도들이 은혜받았다고 이야기해주었기 때문입니다. 그러나 저는 제 자신의 설교 수준을 객관화해야 한다고 생각했습니다. 그래서 제 스스로에게 끊임없이 이야기했습니다. '내가 지금 부교역자로 섬기고 있는 곳은 이미 다 차려진 밥상에 숟가락만 얹어놓은 거야. 나의 진짜 설교의 수준은 내가 개척했을 때 내 설교를 듣고 얼마나 사람들이 개척교회로 오게 되고, 얼마나 내 설교를 찾아 듣는가를 봐야 해. 그것이 내 설교의 수준이야.' 이렇게 제 설교의 수준을 객관화했고, 스스로 내린 그 평가가 맞아떨어졌습니다.

저는 부교역자로 목회를 하면서 여러 사역의 경험은 쌓았지만, 설교의 성장은 멈춰버린 것을 경험했습니다. 왜냐하면 대형 교회에서 부교역자로 사역을 하면 시간이 없어 가정도 돌보기조차 힘들기 때문입니다. 더욱이 사역 중심, 일 중심적인 교회에서 목회를 하면 설교의 성장을 위한 학습의 환경을 꾸리기가 더 어려워집니다.

다만 제 마음의 태도는 이 정도의 설교에 만족하지 않고 어떻게 하면 바른 신학을 배우고 성경을 연구하며, 삶을 통과한 설교자가 될수 있을 것인가 끊임없이 고민하고 싸워야 한다는 것이었습니다.

그래서 신대원을 졸업하고 그 고민의 끝에, 앞으로의 설교 사역을 위해 에스라성경대학원대학교에 들어갔습니다. 신대원 때는 신학을 중심으로 공부하고 배웁니다. 그리고 개혁주의 신학은 사실 '주입식' 교육입니다. 그 시기에 꼭 필요한 공부라고 생각합니다. 그런데 에스라성경대학원대학교에 들어가서 느꼈던 것은 '당연했던 신학'의 부분과 성경 신학이 서로 대립한다는 것입니다. 제가 배운 개혁주의 신학과 성경 신학이 충돌하면서 분을 참지 못하며 교수님과 울분의 토론을 하기도 하고 논리를 찾기 위해 많이 애쓰기도 했습니다. 저는 이 시간이 저에게 진짜 공부하는 시간이었다고 생각합니다.

에스라성경대학원대학교를 졸업한 후 제가 깊이 팠던 설교자는 '팀 켈러' 목사님이었습니다. 논리적이면서 문화를 이해하고, 그 속에 있는 마음속 우상을 꺼낼 줄 아는 통찰력 있는 목회자라는 생각이 들었습니다.

설교는 누군가 코칭해 주지 않으면 자신의 사고(思考) 안에 머물러 있고 절대로 늘지 않는 것 같습니다. 제가 많이 사용했던 방법은 전도사 시절 설교를 잘하시는 목사님, 지도 교수님, 담임 목사님께 설교 크리틱(비평)을 부탁했던 것입니다. 또 제 아내에게 먼저 설교문을 보여 주고 설교 비평을 부탁했을 때 굉장히 큰 도움을 받았습니다. 성도의 입장에서 아내가 설교문을 봐 준다면, 목회자가 인지하지 못하는 부분들을 설교하기 전에 알 수 있었기 때문입니다.

팀 켈러 목사님의 설교학과 목회를 배우신 노진준 목사님, 노진산 목사님, 김태권 목사님께서 섬기시는 '설교 코칭 미니스트리'(Preaching Coaching Ministries)도 제게 대단히 큰 설교의 발전을 하게 해 주었습니다. 주일날 할 설교를 미리 시연하면 목사님들이 직접 비평하고 코칭해 주십니다. 제가 미처 보지 못했던 부분과 논리적이지 못했던 부분, 그리스도 중심적으로 해석하다가 너무 비약적이거나 알레고리적인 것들, 적용에 대한 고민 등 훨씬 풍성한 설교가 될 수 있도록 도와주셨습니다. 나중에 코칭해 주시는 목사님들에게 들었는데, 이미 설교를 시연하기 이전에 저희가 할 설교 본문을 주해하고, 분석하고, 저희 교회 유튜브에 들어와서 설교 영상까지 보시고 어떻게 하면 더 저들의 설교를 도울 수 있을까 고민하며 코칭을 준비하셨다는 이야기를 듣고 큰 감동을 받았습니다.

그렇게 주일 설교를 하는데, 설교 전체가 단 한 문장으로 압축되고 정리가 되었습니다. 논지가 분명하게 정리된 것입니다. 설교 전체에서 논지에 불필요한 것들은 가지치기하고, 그렇게 하니 스스로도 정돈된 설교라고 느껴졌습니다. 그리고 제 자신이 먼저 확신을 가지고 설교하게 되었고, 제 자신이 가장 큰 은혜를 누렸습니다. 이것은 저 혼자 발전할 수 없는 영역이고, 코칭해 주신 목사님과 아내 덕분이라고 생각합니다.

설교 코칭 미니스트리에서 질의응답 시간에 한 목사님께서 설교할 때 어떻게 설교문에 매이지 않고 자유롭게 할 수 있는지 질문했습니다. 한 코칭 목사님께서 자신은 소위 커닝페이퍼를 만든다고 말씀하셨습니다. 설교문을 다 쓰고, 토요일 밤에 다시 A4용지 한 장에 설교 커닝페이퍼를 만드는 것입니다. 즉, 요약해서 자신이 알 수 있는 방식으로 간단하게 적고 그것을 가지고 설교해 보는 것입니다. 저도 사실 설교문에 매이는 것에 고민이 많았습니다. 제 이야기는 청중의 눈을 바라보며 이야기할 수 있었지만, 성경을 주해하고 강해설교하는 부분은 설교문에 많이 의지했습니다.

그러다 보니 청중의 집중력이 약화되는 것이 사실이었습니다. 그래서 저도 A4용지 한 장에 설교 커닝페이퍼를 만들어 보았습니다. 처음에는 한 장이 아니라 무려 세 장이 나왔지만 정말 효과는 좋았습니다. 커닝페이퍼를 만들면서 자연스럽게 설교문의 내용을 가지치기했습니다. 저도 기억하지 못하는 것은 성도들도 기억하지 못한다고 생각했기 때문입니다. 그리고 훨씬 자유롭게 청중들의 눈을 바라보며 설교하는데 큰 도움이 되었습니다.

저는 『팀 켈러의 설교』(*Preaching*)에 나오는 전개 방식을 주로 설교 때 사용합니다.

1. 지금 시대를 사는 '문화'는 우리에게 어떤 메시지를 주는가? (문화)
2. 그렇다면 '성경'은 우리에게 어떤 메시지를 주는가? (성경)
3. 하지만 우리는 말씀대로 온전히 살 수 없다. (장애물)
4. 그러나 우리를 대신해서 행하신 분이 계신다! (그리스도)
5. 우리는 이제 그리스도를 힘입어 어떻게 삶 속에서 '적용'할 것인가?
   (적용)

월요일부터 토요일까지 계속해서 설교를 준비하고 다듬습니다. 그리고 설교하기 전에 주일 새벽에 혼자 강단에 섭니다. 그리고 제가 아니라 '예수님이라면 이 본문으로 우리에게 어떻게 말씀하시고 싶으실까?'라고 주님의 마음을 구합니다. 그때 또 새롭게 주님이 주시는 마음이 있습니다. 또 성도님의 자리에 앉아 봅니다. 그리고 '내가 성도님이라면 어떤 설교를 듣고 싶고, 어떤 갈급한 마음으로 이 예배당에 올까?' 하며 성도님의 마음을 주님께 구하기도 합니다. 그때마다 성도님들이 일주일의 삶을 정말 치열하게 살다 오겠구나, 외롭고 피곤하지만 오직 은혜를 갈망하는 마음과 성도의 교제를 원하는 마음으로 온다는 것을 느낄 수 있습니다.

그렇게 저는 위의 내용을 토대로 한 줄로 정리된 논지를 포스트잇에 써서 설교문 가장 위에 붙여 놓고 그리스도께서 저를 설교자로, 도구로 사용해 주시기를 구하며 전합니다. 그리고 모든 성도가 목회자를 통해 오직 한 분이신 '그리스도'를 바라보기를 구하며 말씀을 전합니다.

- 위대한 설교자는 '위대한 그리스도'를 바라보게 하는 자다.

- 누군가 나의 설교를 주일 전에 크리틱(비평)해 주는 사람이 있습니까?

19.
설교 내용만큼 중요한 프레젠테이션

설교할 때는 늘 청중이 있습니다. 중고등부 사역을 담당하면 청중은 학생들입니다. 청년부 사역을 할 때는 청년들이고, 교구 사역을 할 때는 성도님입니다. 그런데 저는 지금껏 경험한 적이 없는 가장 어려운 청중을 대하고 있다는 생각이 듭니다. 바로 개척교회 성도님입니다. 어느 성도는 아내를 따라 개척교회에 와서 예배 때 계속 핸드폰을 보고 있기도 하고, 아이들과 함께 예배드리니 엄마들은 예배 중에 왔다갔다하기도 합니다. 어느 성도님은 코 앞에서 피곤하다고 주무시기도 하고, 또 다른 성도님은 매 주일 설교가 끝날 때 들어오시기도 합니다.

설교하면서 가장 큰 위기를 만났다는 생각이 들었습니다. 그러면서 제게 설교에 큰 터닝 포인트가 된 책이 생겼습니다. 바로 노스포인트처치를 섬기는 앤디 스탠리(Andy Stanley) 목사님의 『설교 코칭』(*Communicating for a change*)이라는 책입니다.

이 책에서는 설교의 내용만큼 프레젠테이션도 중요하다고 말합니다. 어찌 보면 저는 목회를 통틀어 '설교 내용'에만 초점을 두었습니다. 그런데 교회를 개척하고 보니 정말 설교 내용만큼이나 '프레젠테이션'도 너무나 중요하다는 것을 뼈저리게 느낍니다. 저는 집중하기 힘든 청중을 '어떻게 집중시킬 수 있을까?' 끊임없이 고민했습니다. 설교문에 매여 있는 제 자신을 보고 설교문을 다 작성한 다음 마치 아나운서가 단어로 연상해서 말하듯이 다시 A4용지한 장에 단어로 설교의 큰 핵심들을 적고 회중의 눈을 바라보고 설교하는 연습을 했습니다. 그리고 말하는 속도를 좀 더 빠르게 했습니다. 왜냐하면 설교할 때 조금 더 빠른 속도는 청중들로 하여금 설교자의 메시지가 더욱 객관적이고 지적이며, 설득력 있고 더욱 전문적이라고 인식하고 평가하게끔 하기 때문입니다. 적절한 PPT로 회중들의 눈과 귀를 집중시키고 싶었습니다.

그리고 회중들이 고민하는 육아, 부부의 관계, 부부 싸움, 직장생활과 같은 내용의 시리즈 설교를 했습니다. 효과는 훨씬 좋았습니다.

보통 설교자들은 가슴에 와 닿는 문장 하나를 가지고 한 가지 메시지를 설교하곤 합니다. 그 한 문장은 설교자의 마음에 당연히 새겨져 있습니다. 왜냐하면 일주일 내내 준비했기 때문입니다. 그러나 청중들은 그것을 알지 못합니다. 왜냐하면 그날 처음 듣기 때문입니다. 이것이 바로 '지식의 저주'입니다. 설교자는 일주일 내내 묵상했기에 지금 청중들도 다 알고 있다고 착각하는 것입니다. 그래서 설교자는 가슴에 와 닿는 한 가지 문장을 만들어 내지 않고, 보여 주지 않고, 반복하지 않고 건너뜁니다. 그래서 청중들에게는 가장 중요한 한 가지 문장이 마음에 새겨지지 않고 주차장에 갈 때 '오늘 점심 뭐 먹지?'라는 생각만 남습니다.

그래서 저는 특별히 설교를 통해 한 문장으로 정리해서 Key Message를 성도들과 다 함께 읽도록 했습니다. 3번, 4번, 5번도 반복해서 따라 읽게 했습니다. 그렇게 처음 설교한 주에 교회에서 겨

울 MT를 갔습니다. 그런데 제가 처음 보는 놀라운 일이 일어났습니다. 캠프파이어를 하는 중에 성도들이 Key Message를 다 같이 외치는 모습을 보고 너무 깜짝 놀랐습니다. 제가 아무런 이야기도 하지 않았는데 말입니다. 효과가 바로 일어났습니다. 그리고 제 자신도 Key Message가 마음에 계속 심겨지고 잊혀지지 않았습니다.

앤디 스탠리 목사님은 『설교 코칭』 책에서 마지막에 다섯 가지 질문을 합니다.

1. 설교의 Key Message는 무엇인가?
2. Key Message를 청중들이 왜 알아야 하는가?
3. 설교의 구체적 적용이 무엇인가?
4. 청중들은 왜 그 적용을 행해야 하는가?
5. Key Message를 청중들 마음에 어떻게 새길 수 있겠는가?

설교가 성도들의 마음에 심겨지고 세상에 나가서, 그리고 가정에서 실제로 적용되고 변화되는 모습을 보는 것만큼 행복한 설교자는 없다고 여겨집니다.

- 설교의 내용만큼 설교의 프레젠테이션도 중요하다.

- 어떻게 하면 성도들 마음에 설교의 내용이 한 줄로 기억날 수 있을까요?

20.
어떻게 성령이 깃든 설교를 할 수 있을까?

저는 청년 시절 목회자의 부르심을 받은 후에 줄곧 설교자를 향한 관심이 가득했습니다. 어느 날 청년부를 담당하셨던 부목사님이 사임을 앞두고 계셨습니다. 제가 목회자의 길을 갈 것을 아셨기에 목사님은 제게 좋은 길을 안내해 주고 싶었던 것 같습니다. 성도님들이 목사님의 사임을 아쉬워하며 마지막 날 많은 편지와 선물들을 하셨습니다. 그런데 목사님이 자신이 성도님께 받은 편지를 제게 보여 주셨습니다. 편지의 내용은 이러했습니다. "목사님께서 설교를 너무 잘하시는데 떠나게 돼서 아쉽다"라는 내용이었습니다. 그 목사님은 제게 편지를 보여 주며 마치 이렇게 이야기하는 듯했습니다.

'봤지? 나는 설교를 굉장히 잘하는 사람이야. 내가 전하는 진리는 정말 뛰어나. 그러니깐 너도 이러한 설교자가 돼.'

하지만 저는 그 목사님이 훌륭한 설교자라는 생각이 들지 않았습니다. 왜냐하면 그리스도가 보이지 않고 설교자만 보였기 때문입니다. 저도 설교자의 길을 들어서면서 사람들이 "전도사님 너무 말씀이 좋다! 너무 은혜로워요"라는 말을 많이 해 주셨습니다. 그러자 제가 전도사로 사역하는 동안 사임하셨던 청년부 목사님의 마음과 동일한 마음이 들었습니다.

'나는 설교를 꽤 잘하는 설교자야. 내가 전하는 진리는 뛰어나.'

저를 과시하고, 제가 가르치는 진리가 최고라는 마음은 예수님을 가리고 설교자만 높이는 설교라는 것을 깨닫게 되었습니다. 그런 설교는 결국 성도들로 하여금 그리스도를 바라보는 눈을 가리며, 성도들을 설교자들을 평가하는 사람들이 되도록 만드는 꼴이 됩니다.

어떤 설교자가 위대한 설교자일까요? 그것은 설교자도 그리스도를 예배하고 그리스도를 높이며 그리스도를 보여 주는 설교자라 생각합니다. 설교가 끝나면 설교자는 생각나지 않고, 성도들이 집으로 돌아가면서 '그렇지, 내 마음속에 그리스도께서 사시지. 정말 이것은 놀라운 신비고 감격이야. 월요일에 출근할 때도 내 안에 계신 예수님과 함께 출근할 거야!'라고 고백한다면 그 설교자는 위대한 설교자라고 생각합니다.

그래서 저는 '어떻게 성경에서 그리스도를 설교할 것인가?'를 가장 중요하게 생각하고 준비합니다. 성경의 텍스트를 가지고 충분히 주해하고, 강해적인 설교를 합니다. 그리고 이것을 청중과 제 자신에게 적용합니다. 하지만 이렇게 설교를 마치게 되면 이것은 정보 전달식 설교, 교훈적 설교가 되고 말기에 더 나아가 우리는 말씀을 적용하지만 결국 하나님의 말씀을 지킬 수 없는 인간의 한계를 반드시 언급합니다. 동시에 예수 그리스도께서 우리를 대신하여 그 일을 성취하셨음을 선포합니다. 그리고 우리의 힘이 아니라, 예수 그리스도를 의지함으로 말씀을 적용하는 것으로 끝을 맺습니다.

제가 청년 때 신앙생활을 하며 생각보다 많은 목사님이 율법주의적인 설교를 하셨는데 저도 그 영향을 고스란히 받았습니다. "십일조 안 하면 저주받습니다. 불순종하면 저주받습니다." 성경에서도 말씀하고 있는 내용입니다. 그러나 율법주의자는 계속해서 자신이 행한 일에만 초점을 둡니다. 그래서 목회자는 성도들에게 '두려움'을 심어 줍니다. 그렇게 하면 목회도 훨씬 쉽습니다. 성도들이 겉으로는 변하는 것 같기 때문입니다. 그러나 성도의 깊은 내면은 변하지 않습니다. 저는 팀 켈러 목사님의 복음과 율법주의의 비교를 통해 복음을 더욱 두드러지게 발견할 수 있었고, 동시에 복음이 아니었던 것을 깨달을 수 있었습니다. 율법주의는 자신이 행한 일에만 초점을 두지만, 복음은 예수님이 행하신 일에 초점을 둡니다.

율법주의자의 특징은 계속 자신이 행한 일을 자랑합니다. 그리고 남들이 행하지 않은 일을 판단하고 정죄합니다. 그러나 진정한 복음을 깨달은 사람은 자신이 하나도 자랑할 것 없는 철저한 죄인이라는 인지와 예수님이 행하신 일이 얼마나 놀라운지를 깨닫습니다. 복음에 대한 오해가 있는데 복음만 설교하면 성도들이 율법을 지키지 않는다는 것입니다. 그러나 그것은 설교자가 복음과 반율법주의를 또한 혼동했기 때문입니다. 설교자와 성도들은 복음을 깨달을수록 더욱 율법을 지키고 싶어 합니다. 왜냐하면 우리를 위해 행하신 일을 깨닫게 되면 예수님을 가장 최고로 사랑하게 되기 때문입니다. 그렇게 되면 자연스럽게 예수님께서 슬퍼하시는 죄를 멀리하게 됩니다.

그리스도 중심 설교에서 중요한 것은 한쪽으로 치우치지 않아야 한다는 것입니다. 성경 강해 없이 그리스도로 바로 넘어가게 되면 알레고리적 설교가 될 수 있고, 그리스도 없이 성경만 설교하면 유대인도 똑같이 할 수 있는 교훈식 설교가 됩니다. 그래서 성경을 충분히 강해하고, 예수 그리스도의 성취를 충분하게 해석할 때 모든 청중은 인간의 능력이 아니라, 예수 그리스도의 사건과 예수 그리스도께 집중하게 될 것입니다. 그리고 모든 성도는 예수 그리스도의 위대하심을 찬양하게 될 것입니다.

저는 특별히 적용을 가장 먼저 제 자신에게 합니다. 교회를 개척하면 성도들의 삶을 깊이 듣게 됩니다. 그러면 설교를 준비하면서 성도님들의 연약함이 생각나면서 의도하지 않게 성도를 향한 타겟

(target) 설교를 하게 됩니다. 성도들은 앉아서 말씀을 들으면서 다 느낍니다. '아, 저 목사님이 하는 말이 지금 나 들으라고 하는 소리구나.' 이것이 반복되면 성도들은 괴로워하고 결국 개척교회를 떠나 더 큰 무리 속으로 들어가게 될 것입니다. 그 큰 무리 속에 있다면 아무도 자신을 간섭하지 않기 때문입니다. 개척교회 설교자라면 성도들의 연약함과 훈련할 부분을 설교하는 것이 당연합니다. 그러나 모든 적용을 설교자 자신에게 먼저 할 때 성도들은 설교를 들으면서 이렇게 생각하게 될 것입니다.

'아, 우리 목사님도 우리와 똑같이 실패하는구나. 그런데 예수님 때문에 우리가 은혜를 입었구나. 목사님도 저렇게 씨름하는데 나도 주님 앞에 씨름하며 살아봐야겠다.'

마지막으로 제게 가장 어려운 영역이 있습니다. 팀 켈러 목사님은 이렇게 이야기합니다.

"정감 있는 설교에 필요한 한 가지는, 깊고도 풍성한 개인 기도생활이다. 홀로 하나님의 은혜의 자리에 거룩한 고독의 시간이 없다면, 공적인 자리에서 그런 일이 일어나기를 기대할 수는 없다. 우리가 설교할 때 일어나는 일은 우리가 기도할 때 일어나는 일들과 거의 같다."

저는 이 말에 전적으로 동의합니다. 팀 켈러 목사님은 목회 사역을 은퇴하면서 자신이 가장 후회되는 일은 더, 더, 더, 더 기도하지 못했던 것이라고 말씀하셨습니다. 제가 설교를 준비하면서 그리고 그 설교를 붙잡고 기도하면서 하나님 앞에 눈물을 흘리고 하나님의 임재를 경험한 만큼 주일예배 가운데 하나님의 임재가 나타납니다. 반대로 제가 하나님 앞에 눈물의 기도가 없고 맹숭맹숭하며 하나님 앞에 메마른 마음일 때, 즉 충분히 깊이 있는 기도가 채워져 있지 않을 때 주일예배 또한 메마르고 형식적인 예배로 끝이 나게 됩니다. 솔직히 말씀드리면 저는 기도하는 일에 많은 실패를 거듭하는 것 같습니다. 그러나 평생을 씨름하여 설교의 말씀이 제 삶에 실제로 경험되며, 주일예배를 통해 성도들에게도 하나님의 임재를 경험하는 예배가 되기를 갈망합니다.

- 설교자가 그리스도의 임재를 경험하는 만큼 성도들도 그리스도의 임재를 경험하게 된다.

CHECK

- 나의 설교는 성경의 영원한 진리를 담고, 예수 그리스도의 인격과 사역을 높이는 메시지입니까?

- 나의 기도는 충분한 하나님의 임재를 경험하고 있습니까?

에필로그

제가 책을 쓰게 된 동기는 저와 같이 현 시대에 개척하시는 목사님
들을 조금이라도 돕고 싶은 마음에서입니다. 지금 시대는 기성교
회가 있고, 새로운 형태로 개척하는 교회들이 생기는 과도기라 생
각합니다. 교회의 지원을 받아 안정적으로 분립개척을 하게 되는
모양이 가장 이상적이라고 할 수 있지만, 현실은 많은 목사님들이
말 그대로 맨땅에 헤딩을 하듯 제반이 없이 개척을 하게 됩니다.
저는 교회 개척을 위해서는 반드시 두 가지가 있어야 한다고 생각
하는데 하나는 하나님의 인도하심을 받는 일과 또 다른 하나는 개
척을 위한 지혜와 전략을 갖는 일입니다.

우리가 하나님의 인도하심을 받지 않는다면 세상 사람들과 다를 것이 없습니다. 그리고 하나님께서 허락하시지 않고 인도하시지 않는 개척이라면 그것이 세상이 보기에 성공이라 할지라도 하나님의 눈에는 실패한 목회일 것입니다.

또 다른 하나는 전략입니다. 전략적이지 않고, 지혜롭지 않게 개척하면 그 피해는 고스란히 가정과 성도들에게 돌아갑니다. 그래서 제가 개척을 준비하고 개척교회에서 목회하면서 정립한 모든 이야기를 최대한 세세하고 솔직하게 적으려 했습니다. 더없이 부족한 제 자신이지만, 여러 개척의 한 사례로써 개척을 준비하는 목회자 분들에게 조금이라도 도움이 된다면 저는 더할 나위 없이 기쁘고 행복할 것입니다. 이 책을 통해 개척하시는 목사님들의 사역에 하나님의 은혜와 기쁨이 충만하시기를 축복합니다.

이를 위하여 나도 내 속에서 능력으로 역사하시는 이의 역사를 따라 힘을 다하여 수고하노라(골로새서 1:29)